कामायनी और हिन्दी आलोचना

[आलोचना]

कामायनी और हिन्दी आलोचना

सुधीर रंजन सिंह

राजकमल प्रकाशन

ISBN : 978-81-19835-99-7

मूल्य : ₹395

पहला संस्करण : 2023

प्रकाशक : राजकमल प्रकाशन प्रा. लि.
1-बी, नेताजी सुभाष मार्ग, दरियागंज
नई दिल्ली-110 002

शाखाएँ : अशोक राजपथ, साइंस कॉलेज के सामने, पटना-800 006
पहली मंजिल, दरबारी बिल्डिंग, महात्मा गांधी मार्ग, प्रयागराज-211 001
1, अनमोल सोराबजी सन्तुक लेन, धोबी तलाव, मरीन लाइंस, मुम्बई-400 002

वेबसाइट : www.rajkamalprakashan.com
ई.मेल : info@rajkamalprakashan.com

मुद्रक : विकास कम्प्यूटर एंड प्रिंटर्स
ट्रॉनिका सिटी-201 102

KAMAYANI AUR HINDI ALOCHANA
Criticism by Sudhir Ranjan Singh

डॉ. मैनेजर पांडेय
की स्मृति में

भूमिका

'कामायनी' आधुनिक हिन्दी की शीर्ष काव्यकृति है। इसके प्रकाशन के समय से लगभग तीस-पैंतीस वर्षों तक इस पर आलोचनात्मक लेखन-कार्य हुए—यानी छायावाद युग से लेकर नई कविता तक, और उसके बाद तक भी। आलोचनात्मक लेखन की इस लम्बी परम्परा के साथ-साथ विवाद भी चले जिनमें अपने युग के मूल्यों के संकेत थे। कुछ लेखन शुद्ध अकादमिक कोटि के भी थे, लेकिन अध्ययन की दृष्टि से वे यत्किंचित महत्त्वपूर्ण थे। आज कोई व्यक्ति 'कामायनी' का अध्ययन करता है, विशेषकर शोध का विद्यार्थी, तो उसे निश्चित ही उन अध्ययनों से गुजरने की आवश्यकता होगी। जो लोग साहित्य, संस्कृति और विचारधारा के प्रश्नों से जूझ रहे हैं, उन्हें भी इस पुस्तक के माध्यम से 'कामायनी' सम्बन्धी विचारोत्तेजक अध्ययनों से गुजरने का अवसर प्राप्त होगा।

'कामायनी' एक कठिन कृति है। प्रवाद है कि आचार्य रामचन्द्र शुक्ल ने 'हिन्दी साहित्य का इतिहास' में 'कामायनी' की समीक्षा नहीं की होती तो बहुत लोगों के लिए यह दुर्बोध कृति बनी रहती। हालाँकि 'कामायनी' का 'वस्तु' से सम्बन्धित स्पष्टीकरण स्वयं जयशंकर प्रसाद ने उसके 'आमुख' में दे दिया था, लेकिन उससे बात बनती नहीं थी और उसके आधार पर आलोचकों का 'कामायनी' सम्बन्धी विवेचन को उलझाया ही। बहरहाल, उलझे हुए विवेचन भी विवेचन ही

हैं, इसलिए उनका भी मूल्य है। स्वयं 'कामायनी', असल में एक उलझी हुई कृति है। इसलिए उसके विवेचन का कोई एक मार्ग नहीं हो सकता। इस पर बहुविध ढंग से विचार हुए हैं, जिनमें काव्य-विचार और विचारधारा सम्बन्धी विविधता और टकराव दिखाई पड़ते हैं। और उनसे, कहने की आवश्यकता नहीं, हिन्दी आलोचना की शक्ति का पता चलता है।

एक समय था, तब मेरी महाविद्यालयीन शिक्षा ही चल रही थी। कहा जाता था अमुक विश्वविद्यालय में अमुक प्राध्यापक 'कामायनी' विशेषज्ञ हैं। एक नाम तो आज भी मुझे याद है—प्रो. केसरी कुमार। पटना विश्वविद्यालय में प्राध्यापक थे। 'नकेन' के कवि और अच्छे कहानीकार थे। उनसे पढ़ने का थोड़ा-सा मौका तो मुझे मिला था, लेकिन 'कामायनी' पढ़ने का नहीं। 'कामायनी' मैंने जे.एन.यू. में डॉ. केदारनाथ सिंह से पढ़ी थी। केदार जी की कविता की व्याख्या में मास्टरी थी। उन्होंने तीन सर्ग पढ़ाए थे—'चिन्ता', 'श्रद्धा' और 'इड़ा'। 'इड़ा' पढ़ाने में उनका मन सबसे अधिक रमा था।

आज विश्वविद्यालयों में कौन लोग 'कामायनी' पढ़ा रहे हैं, मुझे इसका इल्म नहीं है। स्थिति खराब नहीं होनी चाहिए। लेकिन यह तो दिखाई पड़ता है कि पिछले तीन दशकों से 'कामायनी' पर कोई उल्लेखनीय किताब नहीं आई है (देरिदा के विखंडन के बहाने सुधीश पचौरी का एक अध्ययन अवश्य है।)। अध्ययन-अध्यापन के उन्नत माहौल में ही श्रेष्ठ प्रकाशन सामने आते हैं। 'कामायनी' के सन्दर्भ में यह विशेष महत्त्व की बात है। विश्वविद्यालयों में इसकी पढ़ाई ज्यादा होती है, इसका स्वतंत्र अध्ययन कम होता है। अज्ञेय ने प्रसाद को विश्वविद्यालयों का कवि माना था। अगर यह है तो दुर्भाग्यपूर्ण है।

'कामायनी' हिन्दी की प्रौढ़ कृति है। इसे स्वतंत्र रूप से भी पढ़ा जाना चाहिए। इसकी व्याख्या कई रूपों में हुई है, जिससे मैंने अपने अध्ययन में साक्षात्कार करने की चेष्टा की है। यहाँ मैं अलग से कहना चाहता हूँ कि 'कामायनी' में मानवता का बचपन अभिव्यक्त हुआ है। बचपन हमें मोहित करता है। वह भविष्य की प्रेरणा का काम करता है। 'कामायनी' काव्याभिव्यक्ति के रूप में यह क्षमता रखती है। इसलिए इसे अवश्य पढ़ना चाहिए।

भूमिका

'कामायनी' में युग-चिन्ता है; आशा है; 'काम-राग' है; कर्म है; संघर्ष है; और साम्य-विचार की गूँज भी है। कलात्मक अभिव्यक्ति की दृष्टि से यह एक श्रेष्ठ काव्य है। इसने चार दशकों तक हिन्दी आलोचना को प्रभावित किया है। आधुनिक कविता पर विचार की दृष्टि से इसने सबसे अधिक स्थान घेर रखा है। हिन्दी की कोई एक कविता नहीं, जिसने इसके बराबर हलचल पैदा की हो। 'राम की शक्ति-पूजा' भी नहीं। 'अँधेरे में' भी नहीं। 'असाध्य वीणा' भी नहीं। और 'कामायनी' के बाद हिन्दी कविता ने जो नया किया है, उसमें 'कामायनी' का कितना योग है, यह भी अध्ययन का दिलचस्प विषय है।

'कामायनी' की व्याख्या की कई दृष्टियाँ हैं। उनमें से एक यह है, जिस पर मुक्तिबोध की आलोचना का ठाट टिका है, वह आधुनिक समाज और उसकी प्रवृत्तियों को चित्रित करनेवाला काव्य है। आधुनिक युग का दायरा बहुत बड़ा है। मनु की पराजय के रूप में इसमें इसके रचना-काल की मनोदशा भी देखी जा सकती है। समकालीनता और साहित्य के सम्बन्ध की खोज की दृष्टि से इस प्रकार का अध्ययन महत्त्वपूर्ण हो सकता है। मुक्तिबोध ने 'कामायनी' को जिस वैचारिक संरचना के अन्तर्गत परखने का प्रयास किया है, उसकी 20वीं शताब्दी के चौथे दशक के प्रारम्भिक वर्षों से, जो 'कामायनी' का रचना-काल है, संगति बैठाना एक दिलचस्प काम हो सकता है।

इस पुस्तक का उद्देश्य, जैसा कि नाम से स्पष्ट है, बहुत सीमित है। इसमें 'कामायनी' सम्बन्धी प्रतिनिधि आलोचना के अध्ययन का कार्य किया गया है। उस निमित्त अगर थोड़ा भी अपना मत-प्रतिपादन हो गया हो या इससे थोड़ी-बहुत 'कामायनी' की वैचारिक और कलात्मक संरचना की गाँठ खुलती हो, तो इसे मैं अपनी बड़ी सफलता मानूँगा।

यह पुस्तक शोध की आवश्यकता के अधीन लिखी गई थी। कायदे से इसे आलोचना की मेरी पहली पुस्तक होना चाहिए था। प्रकाशन में किसी प्रकार की कठिनाई भी नहीं थी। उस जमाने में गौतम नवलखा ने 'इकोनॉमिक एंड पॉलिटिकल वीकली' की तर्ज पर हिन्दी में 'साँचा' नाम की पत्रिका का प्रकाशन शुरू किया था। उन्होंने इसके सभी अध्यायों को क्रम से छापने की इच्छा व्यक्त

की थी। मैंने इसकी फोटो-प्रति उन्हें सौंप दी थी। फिर क्या मन में आया, मैंने यह कहकर इसका प्रकाशन रुकवा दिया कि इसमें कुछ संशोधन करना चाहता हूँ। संशोधन का काम टल गया और 'साँचा' भी बन्द हो गई। बाद में इसका अन्तिम अध्याय 'पल प्रतिपल' पत्रिका में छपा। उसके बाद मेरा ध्यान इस पर से हट गया।

इधर मैंने 'कामायनी' फिर से पढ़नी शुरू की—किसी कार्य की आवश्यकता से नहीं, सिर्फ पढ़ने की इच्छा से। इस पुस्तक के प्रकाशन का विचार उसी की उपज है। मेरे खुद के कार्य में इसका ऐतिहासिक महत्त्व महसूस करते हुए इसे अविकल प्रकाशन के लिए सौंप रहा हूँ। मुझे विश्वास है कि इसे पढ़कर 'कामायनी' और उसकी आलोचना में दिलचस्पी रखनेवाले पाठक थोड़ा-बहुत लाभान्वित अवश्य होंगे।

—सुधीर रंजन सिंह

क्रम

छायावाद-युगीन आलोचना और कामायनी

हिन्दी आलोचना में छायावाद की चर्चा लगभग 1920 के आसपास शुरू हुई थी। तब से लेकर आगे के सात-आठ वर्षों तक आलोचना में छायावाद के विरोधियों की स्थिति मजबूत रही। विरोधी किसी एक सम्प्रदाय के नहीं थे—उनमें रीतिवादी, रीतिवाद-विरोधी और यहाँ तक कि अंग्रेजी और बांग्ला पढ़े-लिखे अनेक आधुनिक भी थे। इनकी तुलना में छायावाद के समर्थकों की संख्या अत्यन्त सीमित थी; उनमें से अधिकांश की वैसी साहित्यिक योग्यता भी नहीं थी कि वे सभी प्रकार के छायावाद-विरोधियों का मुकाबला कर सकें।

एक लम्बे अरसे तक हिन्दी में छायावादी भावबोध और कला को ग्रहण कर सकनेवाले पाठकों की संख्या भी अल्प रही। इस शताब्दी के दूसरे-तीसरे दशक के सामान्य हिन्दी काव्य-पाठकों में से कुछ तो रीतिवादी कविताई से मुक्त नहीं हुए थे और कुछ जो रीतिवाद के विरोधी थे, उनका काव्य-विवेक भी मैथिलीशरण गुप्त, श्रीधर पाठक और रामनरेश त्रिपाठी आदि की कविताओं से आगे बढ़कर छायावाद को अपनाने की अनुमति नहीं दे रहा था। उनका काव्य-विवेक महावीरप्रसाद द्विवेदी के काव्यादर्शों से प्रेरित था और स्वयं द्विवेदी जी छायावाद के विरोधी थे।

जैसे मैथिलीशरण गुप्त आदि कवियों की प्रतिष्ठा में द्विवेदी जी की विशिष्ट भूमिका थी, वैसी भूमिका छायावादी काव्य की प्रतिष्ठा में किसी आलोचक की

नहीं रही। द्विवेदी जी और शुक्ल जी छायावाद-विरोधी थे। छायावाद के प्रति इनके नकारात्मक दृष्टिकोण से सामान्य काव्य-पाठकों का प्रभावित होना स्वाभाविक था। लेकिन 1925-26 के आसपास जब छायावादी कवियों ने खुद आलोचना का मोर्चा सँभाला तो स्थिति बदली।

छायावादी कवियों की आलोचना से एकतरफा हमले के स्थान पर विवाद का वातावरण निर्मित हुआ और हिन्दी के सामान्य पाठकों को छायावाद का पक्ष जानने का अवसर मिला। 1925-26 से सालों-साल छायावादी काव्य-संकलनों के प्रकाशन का भी हिन्दी साहित्य-संसार पर गहरा प्रभाव पड़ा। आगे चलकर पत्र-पत्रिकाओं में छायावाद के पक्ष से विवाद करनेवाले अनेक लोग दिखाई पड़े।

श्रेष्ठ छायावादी कृतियों के प्रकाशन, उनकी बढ़ती लोकप्रियता और छायावादी कवियों की आलोचना से रीतिवादियों के पैर तो उखड़े ही, आचार्य रामचन्द्र शुक्ल जैसे आलोचक भी छायावाद की आलोचना में अत्यधिक सजग हुए। शुक्ल जी छायावाद-सम्बन्धी अपनी अनेक विरोधी मान्यताओं को सुरक्षित रखते हुए भी 'हिन्दी साहित्य का इतिहास' के परवर्ती संस्करणों में उसके प्रति तनिक सहानुभूतिशील हुए। चौथे दशक में छायावादी कवियों की आलोचना से प्रभावित अनेक आलोचकों का उदय हुआ। शान्तिप्रिय द्विवेदी, आचार्य नन्ददुलारे वाजपेयी और डॉ. नगेन्द्र, डॉ. नामवर सिंह ने सही कहा है, "छायावादी कवियों की आलोचना की देन हैं।"[1] इन आलोचकों ने छायावादी काव्य के पक्ष में और छायावादी कवियों की चिन्तन-सरणि पर अपनी आलोचना को विकसित किया है।

1927-28 से लेकर 1936 तक का काल छायावाद की व्यापक प्रतिष्ठा का काल है। रचनाशीलता के स्तर पर भी यह छायावाद का स्वर्ण काल है। जयशंकर प्रसाद की प्रौढ़तम काव्यकृति 'कामायनी' और निराला की 'राम की शक्ति-पूजा' तथा 'सरोज स्मृति' जैसी श्रेष्ठ रचनाओं का लेखन-काल यही है।

'कामायनी' सघन छायावादी प्रबन्धकाव्य है। छायावाद-रहस्यवाद की लगभग वे सभी प्रवृत्तियाँ इस काव्य में प्रतिफलित हुई हैं, जिनके कारण इसके पूर्व की छायावादी कविताओं—खुद जयशंकर प्रसाद की कविताओं—का विरोध होता आया था। 'कामायनी' का वैसा विरोध नहीं हुआ। इसका एक बहुत बड़ा कारण

इस कृति का छायावाद के प्रतिष्ठा-काल में प्रकाशित होना और प्रबन्धात्मक होना है। हालाँकि 'कामायनी' विवादग्रस्त बहुत हुई और इस पर आलोचनात्मक लेख व पुस्तकें भी सर्वाधिक लिखी गईं—छायावादी युग में भी और बाद के युगों में भी।

छायावाद के युग में कामायनी-विवाद से जुड़े तीन प्रकार के लोग थे—रीतिवादी आलोचक, आचार्य रामचन्द्र शुक्ल और छायावादी-स्वच्छन्दतावादी आलोचक। रीतिवादियों में भी दो तरह के लोग रहे हैं। एक तो वे जो अपने रूढ़ मानदंडों के आगे 'कामायनी' को थोड़ी भी रियायत देने को तैयार नहीं थे, दूसरी तरह के वे लोग थे, जिन्हें इस काव्य का श्रृंगारिक और आलंकारिक पक्ष किसी हद तक आकर्षित कर रहा था। कुल मिलाकर दोनों ही पक्षों के प्रयास 'कामायनी' की रस-अलंकार मीमांसा और इसके महाकाव्यत्व पर विचार तक सीमित थे।

छायावाद-युगीन आलोचना में 'कामायनी' के रचनागत वैशिष्ट्य को समझने और उसके विभिन्न पक्षों—विशेषकर उसके दार्शनिक पक्ष की व्याख्या का प्रथम सुसंगत प्रयास आचार्य रामचन्द्र शुक्ल के 'हिन्दी साहित्य का इतिहास' में हुआ। 'कामायनी' पर शुक्ल जी का विवेचन 'इतिहास' के मात्र छह पृष्ठों में है। इस संक्षिप्त विवेचन से स्पष्ट होता है कि शुक्ल जी ने जितनी कुशलता से जायसी, सूर और तुलसी की समीक्षा की थी, उतनी ही कुशलता से आधुनिक साहित्य की भी कर सकते थे। आधुनिक साहित्य पर यह उनकी सबसे लम्बी व्यावहारिक समीक्षा है। इस बात से शुक्ल जी की दृष्टि में 'कामायनी' के महत्त्व का पता चलता है।

'कामायनी' को सबसे पहला उल्लेखनीय समर्थन आचार्य नन्ददुलारे वाजपेयी की समीक्षा में प्राप्त हुआ। वाजपेयी जी की काव्य-दृष्टि के निर्माण में छायावाद की विशेष भूमिका रही है। जयशंकर प्रसाद, वाजपेयी जी के प्रिय कवि थे और 'कामायनी' उनकी दृष्टि में आधुनिक युग की सर्वाधिक महत्त्वपूर्ण काव्यकृति थी। वाजपेयी जी का कामायनी-विषयक विवेचन मुख्य रूप से 'प्रौढ़तर प्रयोग : कामायनी' (1937) और 'कामायनी विवेचन' (1950) नामक निबन्धों में हुआ है। 'कामायनी नई दृष्टि' नामक भी उनका एक निबन्ध है, जो 'प्रकीर्णिका' तथा 'रीति और शैली' नामक पुस्तकों में संकलित है।

डॉ. नगेन्द्र भी छायावाद के समर्थक आलोचक हैं। उनकी पहली पुस्तक सुमित्रानन्दन पंत पर थी। डॉ. नगेन्द्र की 'कामायनी अध्ययन की समस्याएँ' (1962) पुस्तक बहुत बाद में प्रकाशित हुई, उस समय जब वे अपने चिन्तन को शास्त्रीय समस्याओं पर केन्द्रित कर चुके थे। इसलिए स्वभावतः उन्होंने 'कामायनी' के पक्ष में शास्त्र-पक्ष से समर्थन जुटाने की कोशिश की है।

छायावाद युग से जुड़े कई और आलोचक हैं, जिन्होंने 'कामायनी' पर छोटे-बड़े आलोचनात्मक निबन्ध लिखे। लेकिन हिन्दी आलोचना के विकास और 'कामायनी' के मूल्यांकन, दोनों दृष्टियों से उनका बहुत कम महत्त्व है। इसलिए मैंने अपना लेखन आचार्य शुक्ल, वाजपेयी जी और डॉ. नगेन्द्र की आलोचना तक सीमित किया है।

लेकिन सबसे पहले कवि-पक्ष, जो 'कामायनी' के आमुख में प्रस्तुत हुआ है, पर विचार आवश्यक होगा। 'कामायनी' का आमुख प्रसाद के आलोचकों के लिए विचारणीय विषय रहा है; छायावादी आलोचकों के लिए तो वह एक तरह से 'कामायनी' की आलोचना की कुंजी है। आचार्य नन्ददुलारे वाजपेयी से लेकर डॉ. नगेन्द्र तक, लगभग सभी छायावादी आलोचकों ने अपने मत की पुष्टि के लिए एकाधिक स्थलों पर 'आमुख' का सहारा लिया है।

कामायनी : आमुख

प्रसाद ने 'कामायनी' की कथा और उसके पात्रों को मूलतः ऐतिहासिक माना है। 'कामायनी' के आमुख के प्रारम्भ में लिखा है, "आर्य साहित्य में मानवों के आदिपुरुष मनु का इतिहास वेदों से लेकर पुराण और इतिहास में बिखरा हुआ मिलता है। मन्वंतर के अर्थात् मानवता के नवयुग के प्रवर्तक के रूप में मनु को ऐतिहासिक पुरुष ही मानना उचित है।"[2] दूसरे पृष्ठ पर लिखा, 'जलप्लावन भारतीय इतिहास में एक ऐसी ही प्राचीन घटना है, जिसने मनु को देवों से विलक्षण, मानवों की एक भिन्न संस्कृति प्रतिष्ठित करने का अवसर दिया। वह इतिहास ही है।"[3]

'कामायनी' की कथा को ऐतिहासिक मानने के साथ ही प्रसाद ने इसके

रूपक तत्त्व पर भी विचार किया है। उनके अनुसार, "यदि श्रद्धा और मनु अर्थात् मनन के सहयोग से मानवता का विकास रूपक है, तो भी बड़ा ही भावमय और श्लाघ्य है। यह मनुष्यता का मनोवैज्ञानिक इतिहास के बनने में समर्थ हो सकता है।"[4] यहाँ 'यदि' लग जाने से सन्देह की स्थिति उत्पन्न हो जाती है, लेकिन 'आमुख' के अन्तिम पृष्ठ में यह सन्देह भी जाता रहा है। उन्होंने लिखा है, "यह आख्यान इतना प्राचीन है कि इतिहास में रूपक का भी अद्‌भुत मिश्रण हो गया है। इसलिए मनु, श्रद्धा और इड़ा इत्यादि अपना ऐतिहासिक अस्तित्व रखते हुए सांकेतिक अर्थ की अभिव्यक्ति करें तो मुझे कोई आपत्ति नहीं। मनु अर्थात् मन के दोनों पक्ष हृदय और मस्तिष्क का सम्बन्ध क्रमश: श्रद्धा और इड़ा से भी लग जाता है।"[5]

वस्तुत: प्रसाद इस तथ्य से परिचित थे कि 'कामायनी' की कथा का प्रभाव गूढ़ार्थ व्यंजक और सांकेतिक तो है, परन्तु उसमें सर्वत्र एकाधिकार्थी स्थिति नहीं है। इसलिए उन्होंने इसके रूप तत्त्व पर विचार करते हुए ऐसी शैली का प्रयोग किया है, जिससे लगे कि उनकी तरफ से रूपक (एलिगरी) की सम्भावना की छूट भर दी गई है। लेकिन यह कवि-प्रदत्त छूट, कवि के स्वयं का भी आग्रह है। यदि ऐसा नहीं होता तो प्रसाद को यह लिखने की भी जरूरत नहीं रही होती कि 'यह मनुष्यता का मनोवैज्ञानिक इतिहास बनने में समर्थ हो सकता है' और 'मनु अर्थात् मन के दोनों पक्ष हृदय और मस्तिष्क का सम्बन्ध क्रमश: श्रद्धा और इड़ा से भी सरलता से लग जाता है।' वस्तुत: अनिश्चयवाचक शब्दावली में रूपक की स्वीकृति के पीछे प्रसाद का उद्‌देश्य यह दिखाना रहा है कि 'कामायनी' में रूपक की स्थिति अनायास है, यह काव्य के अंग के रूप में है, न कि आरोपित।

'कामायनी' के कथासूत्रों को सुलझाने के क्रम में प्रसाद क्रमश: इसकी कथा की ऐतिहासिकता का दावा करते हैं, उस ऐतिहासिक कथा में रूपक की सम्भावना की स्वीकृति देते हैं और फिर रूपक के रूप में मनुष्यता का मनोवैज्ञानिक इतिहास बनने में इसकी समर्थता की ओर संकेत करते हैं। इस प्रक्रिया में उनका मूल प्रयास यह दिखाने का रहा है कि कथा के रूप में इतिहास की जिस घटना का चुनाव किया गया है, उसमें रूपक तत्त्व स्वाभाविक रूप से

अनुस्यूत है। वर्णित घटनाओं और चरित्रों का आधार पौराणिक गाथाएँ (मिथक) हैं, जो प्रसाद की दृष्टि में 'क्रमपूर्ण इतिहास' की सीमा-रेखा से पहले का इतिहास ही है—अतिरंजित-सी लगनेवाली घटनाओं का इतिहास! ऐसे 'इतिहास' में रूपक तत्त्व सहज घुल-मिल जाते हैं।

"तथ्य-संग्रहकारिणी तर्कबुद्धि को ऐसी घटनाओं में रूपक का आरोप कर लेने की सुविधा होती है।"[6]

"यह आख्यान इतना प्राचीन है कि इतिहास में रूपक का भी अद्भुत मिश्रण हो गया है।"[7]

'आमुख' में प्रसाद का स्पष्ट उद्देश्य मानव-समाज के उदय के इतिहास को सुरक्षित रखते हुए, उस पर रूपक का आरोपण है। प्रसाद ने दिखाया है कि यह उनका कोई मनमाना प्रयास नहीं, बल्कि पौराणिक कथाओं में ही 'कामायनी' के पात्र प्रतीक-रूप में वर्णित हैं। ऋग्वेद में श्रद्धा और इड़ा को क्रमश: हृदय और बुद्धि की देवी माना गया है। 'कामायनी' में रूपक की स्थिति को प्रसाद ने अत्यन्त सहज-स्वाभाविक माना है, यह उनके इस कथन से स्पष्ट है, "मनु अर्थात् मन के दोनों पक्ष हृदय और मस्तिष्क का सम्बन्ध क्रमश: श्रद्धा और इड़ा से भी सरलता से लग जाता है।"[8]

मिथकीय कथानकों में सामान्यत: रूपक-तत्त्व होते ही हैं। इसलिए यह महत्त्व की बात नहीं कि 'कामायनी' के रूपक सहज-स्वाभाविक हैं या नहीं; महत्त्व की बात यह है कि 'कामायनी' के रूपक काव्यात्मक और दार्शनिक परिणति में क्या हैं। उसी तरह यह और भी महत्त्व की बात नहीं कि प्रसाद ने मिथकीय घटनाओं को ऐतिहासिक सत्य क्यों कहा; महत्त्व की बात यह है कि उस ऐतिहासिक सत्य के भीतर क्या देखा। 'आमुख' में प्रसाद ने लिखा है, "आज हम सत्य का अर्थ घटना कर लेते हैं। तब भी उसके तिथिक्रम से सन्तुष्ट न होकर, मनोवैज्ञानिक अन्वेषण के द्वारा इतिहास की घटना के भीतर कुछ देखना चाहते हैं। उसके मूल में क्या रहस्य है? आत्मा की अनुभूति! हाँ, उसी भाव के रूप-ग्रहण की चेष्टा सत्य या घटना बनकर प्रत्यक्ष होती है। फिर, वे सत्य घटनाएँ स्थूल और क्षणिक होकर मिथ्या और अभाव में परिणत हो जाती हैं। किन्तु सूक्ष्म अनुभूति

या भाव, चिरन्तन सत्य के रूप में प्रतिष्ठित रहता है, उसके द्वारा युग-युग के पुरुषों की और पुरुषार्थों की अभिव्यक्ति होती रहती है।"[9] यह अभिव्यक्ति आनन्दात्मक होती है—"जीवन में यथार्थ वस्तु आनन्द है।"[10] बुद्धिवाद आनन्द का विरोधी है, "बुद्धिवाद के विकास में अधिक सुख की खोज में, दुख का मिलना स्वाभाविक है।"[11]

स्पष्ट है कि रूपक के रूप में प्रसाद ने 'कामायनी' की प्रस्तुत कथा पर अपने मनोवैज्ञानिक, रहस्यवादी, आनन्दवादी अभिप्राय का प्रक्षेप किया है। यह प्रक्षेप कवि-निर्मित मिथ है, जिसे बाद के आलोचकों—विशेषकर छायावादी आलोचकों ने 'कामायनी' के मूल्यांकन का आधार बनाया।

आचार्य रामचन्द्र शुक्ल और कामायनी

यह सामान्य मान्यता है कि रामचन्द्र शुक्ल छायावाद के विरोधी थे। वस्तुतः शुक्ल जी ने छायावाद की मूल प्रवृत्तियों के विवेचन में उसके प्रति कठोर रुख अवश्य अपनाया है, किन्तु अलग-अलग कवियों के मूल्यांकन में अपेक्षाकृत सहानुभूतिशील दीखते हैं। उन्होंने लगभग सभी छायावादी कवियों की उनकी कविता के किसी न किसी पक्ष को लेकर प्रशंसा की है।

शुक्ल जी का मुख्य विरोध छायावाद की रहस्यवादी विषय-वस्तु और अतिलाक्षणिक शैली से था। शुक्ल जी के अनुसार छायावाद की मुख्य विशेषताएँ हैं, "रहस्यात्मकता, अभिव्यंजना के लाक्षणिक वैचित्र्य, वस्तु-विन्यास की विशृंखलता, चित्रमयी भाषा और मधुमयी कल्पना।"[12] रहस्यात्मकता छायावाद की धुरी है। शुक्ल जी की दृष्टि में 'लाक्षणिक प्रगल्भता और वाग्वैचित्र्य' रहस्यवाद की 'बाहरी विशेषता' है।[13] छायावाद की प्रेमगीतात्मकता भी उसकी रहस्यात्मकता से सम्बद्ध है। प्रेमगीतों में भी 'विशेष लक्ष्य अभिव्यंजना के अनूठे विस्तार' पर रहा है।[14] इस प्रकार, रहस्यात्मकता के कारण छायावाद का सारा ध्यान विलक्षण काव्यशैली तक सिमटकर रह गया। शुक्ल जी ने लिखा है, "उसका प्रधान लक्ष्य काव्यशैली की ओर था, वस्तु-विधान की ओर नहीं। अर्थभूमि या वस्तुभूमि का तो उसके भीतर बहुत संकोच हो गया। समन्वित विशाल भावनाओं को लेकर चलने की ओर ध्यान नहीं रहा।"[15]

शुक्ल जी द्वारा निर्धारित छायावाद की सभी दुर्बलताएँ प्रसाद के काव्य में मौजूद हैं। प्रसाद को कठोर आलोचना का शिकार होना पड़ा। शुक्ल जी के अनुसार प्रसाद का साहित्य लौकिक या अलौकिक प्रणयगान तक सीमित है।[16] थोड़े-बहुत प्रसाद की कविताओं के सकारात्मक तत्त्वों की ओर भी संकेत किये हैं जो अत्यन्त महत्त्वपूर्ण हैं। "'आँसू' है तो रहस्यवादी प्रेमकाव्य, लेकिन जहाँ कवि 'इस चिरदग्ध दुखी वसुधा' को, इस निर्मम जगती को, अपनी प्रेम-वेदना की कल्याणी शीतल ज्वाला का मंगलमय उजाला देना चाहता है, वहाँ वे आँसू लोक-पीड़ा पर करुणा के आँसू से जान पड़ते हैं।"[17] इसी तरह 'लहर' की प्रशंसा करते हुए शुक्ल जी ने लिखा है, "इधर 'लहर' में कुछ ऐतिहासिक वृत्त लेकर छायावाद की चित्रमयी शैली को विस्तृत अर्थभूमि पर ले जाने का प्रयास भी उन्होंने किया और जगत के वर्तमान दुख, द्वेषपूर्ण मानव-जीवन का अनुभव करके इस 'जले जगत के वृन्दावन' बन जाने की आशा प्रकट की तथा 'जीवन के प्रभाव' को भी जगाया।"[18] 'कामायनी' को शुक्ल जी ने 'बड़ी विशुद्ध कल्पनाओं और मार्मिक उक्तियों से पूर्ण' और 'मानवता का रसात्मक इतिहास' कहा है। शुक्ल जी छायावाद की चित्र-प्रधान भाषा और लाक्षणिक शैली के प्रशंसक नहीं थे, इसके बावजूद उन्होंने स्वीकार किया है कि 'कामायनी' के माध्यम से "प्रसाद जी प्रबन्ध क्षेत्र में भी छायावाद की चित्र-प्रधान और लाक्षणिक शैली की सफलता की आशा बँधा गए हैं।"[19]

आचार्य रामचन्द्र शुक्ल ने मुक्तक की अपेक्षा प्रबन्ध-काव्य को अधिक महत्त्व दिया है। उनका मानना है कि लोकमंगल के विधान में प्रबन्ध-काव्य अधिक उपयोगी और प्रभावोत्पादक होता है। शुक्ल जी के अनुसार लोकमंगल की दृष्टि से दो प्रकार के काव्य होते हैं—(1) आनन्द की साधनावस्था या प्रयत्न पक्ष को लेकर चलनेवाले, (2) आनन्द की सिद्धावस्था या उपभोग पक्ष को लेकर चलनेवाले।[20] साधनावस्था या प्रयत्न पक्ष को लेकर चलनेवाले काव्यों में विरुद्धों—भीषणता और सरसता, कोमलता और कठोरता, कटुता और मधुरता, प्रचंडता और मृदुता का सामंजस्य होता है और यह सामंजस्य ही लोकधर्म का सौन्दर्य है। साधनावस्था के काव्यों का बीज भाव है करुणा।[21] लोकमंगल की साधना और करुणा में अन्योन्याश्रय सम्बन्ध है। सिद्धावस्था "दीप्ति, माधुर्य और कोमलता की स्निग्ध भूमि है," जिसका प्रवर्तक भाव है—'प्रेम'।[22] महाकाव्य साधनावस्था का काव्य है

और मुक्तक अथवा प्रगीत सिद्धावस्था का। लोकमंगल की दृष्टि से साधनावस्था के काव्य का स्थान ऊँचा है।

'कामायनी' में प्रगीत और प्रबन्ध दोनों का मेल है। प्रबन्ध-काव्य के लिए मुक्तकों की शैली—प्रगीत—का प्रयोग हिन्दी में 'कामायनी' की अपनी विशिष्टता है। यह प्रयोग स्वच्छन्दतावादी रचना-दृष्टि की देन है। काव्य का यही रूप अंग्रेजी स्वच्छन्दतावादी कवि शैली के 'रिवोल्ट ऑफ इस्लाम' में लक्षित होता है। 'कामायनी' की प्रगीतात्मकता छायावाद के अन्तर्मुखी और व्यक्तिवादी भावबोध के अनुकूल है तो प्रबन्धात्मकता इस काव्य की 'विशाल भावना' के अनुरूप।

आचार्य शुक्ल ने प्रबन्ध-काव्य के लिए इतिवृत्तात्मकता को तो बहुत महत्त्व नहीं दिया है, लेकिन उसमें घटनाचक्रों का होना आवश्यक माना है। उन्होंने लिखा है, "प्रबन्ध-काव्य में मानव-जीवन का एक पूर्ण दृश्य होता है। उसमें घटनाओं की सम्बन्ध शृंखला और स्वाभाविक क्रम का ठीक-ठीक निर्वाह के साथ-साथ हृदय को स्पर्श करनेवाले—उसे नाना भावों का रसात्मक अनुभव करानेवाले—प्रसंगों का समावेश होना चाहिए। इतिवृत्त मात्र के निर्वाह से रसानुभव नहीं कराया जा सकता। इसके लिए घटनाचक्र के अन्तर्गत ऐसी वस्तुओं और व्यापारों का प्रतिबिम्बित चित्रण होना चाहिए, जो श्रोता के हृदय में रसात्मक तरंगें उठाने में समर्थ हों।"[23]

शुक्ल जी द्वारा प्रबन्ध-रचना के लिए स्वीकृत उपर्युक्त विशेषताएँ 'कामायनी' में न्यून हैं। फिर भी, उनकी दृष्टि में 'कामायनी' यदि प्रशंसनीय है तो इसलिए कि काव्य-क्षेत्र के संकोच के युग में इसमें 'एक विशाल भावना को रूप देने' का प्रयत्न किया गया है। उन्होंने 'हिन्दी साहित्य का इतिहास' में 'कामायनी' प्रकरण के शुरू में, तीन पंक्तियों के बाद ही 'कामायनी' का कथासार अत्यन्त सीमित शब्दों में प्रस्तुत किया है :

> प्राचीन जलप्लावन के उपरान्त मनु द्वारा मानवी सृष्टि के पुनर्विधान का आख्यान लेकर इस प्रबन्ध-काव्य की रचना हुई है। काव्य का आधार है मनु का पहले श्रद्धा को फिर इड़ा को पत्नी रूप में ग्रहण करना तथा इड़ा को बांदिनी या सर्वथा अधीन बनाने का प्रयत्न करने पर देवताओं का उन पर

> कोप करना। 'रूपक' भावना के अनुसार श्रद्धा विश्वास समन्वित रागात्मिका वृत्ति है और इड़ा व्यावसायात्मिका बुद्धि। कवि ने श्रद्धा को मृदुता, प्रेम और करुणा का प्रवर्तन करनेवाली और सच्चे आनन्द तक पहुँचानेवाली चित्रित किया है। इड़ा या बुद्धि अनेक प्रकार के वर्गीकरण और व्यवस्थाओं में प्रवृत्त करती हुई कर्मों में उलझनेवाली चित्रित की गई है।[24]

उपर्युक्त उद्धरण से स्पष्ट है कि शुक्ल जी की दृष्टि में भी 'कामायनी' रूपक काव्य है। वे प्रसाद की इस व्याख्या से सहमत हैं कि श्रद्धा हृदय का प्रतीक है और इड़ा का सम्बन्ध बुद्धि से है। लेकिन हृदय और बुद्धि के प्रति शुक्ल जी की दृष्टि वही नहीं है, जो प्रसाद और उनके छायावादी आलोचकों की रही है।

कथा-विश्लेषण के सन्दर्भ में शुक्ल जी ने श्रद्धा को इड़ा से अधिक महत्त्व दिया है। उन्होंने न तो श्रद्धा के इस समर्पण का उल्लेख किया है :

समर्पण लो—सेवा का सार
सजल-संसृष्टि का यह पतवार
आज से यह जीवन उत्सर्ग
इसी पद-तल में विगत विकार
दया-माया, ममता लो आज
मधुरिमा लो, अगाध विश्वास,
हमारा हृदय-रत्न-निधि स्वच्छ
तुम्हारे लिए खुला है पास।

(श्रद्धा, पृ. 25)

न उसके इस जय घोष का :

शक्ति के विद्युत्कण जो व्यस्त
विकल बिखरे हैं, हो निरुपाय
समन्वय उसका करे समस्त
विजयिनी मानवता को जाए।

(श्रद्धा, पृ. 26)

और न ही उसके इस त्यागमयी रूप का :

नारी! तुम केवल श्रद्धा हो
विश्वास-रजत-नग पगतल में
पीयूष-स्रोत सी बहा करो
जीवन के सुन्दर समतल में।

(लज्जा, पृ. 45)

लेकिन जब नारी की सत्ता की बात आई तो शुक्ल जी ने उसे तत्काल ग्रहण किया :

मनु! तुम श्रद्धा को गए भूल!
उस पूर्ण आता-तिश्वासमयी को
उड़ा दिया था समझ तूल
तुम भूल गए पुरुषत्व मोह में,
कुछ सत्ता है नारी की
समरसता है सम्बन्ध बनी
अधिकार और अधिकारी की।

(इड़ा, 67)

शुक्ल जी को श्रद्धा के आदर्शवादी रूप की अपेक्षा इड़ा के कर्मवादी व्यक्तित्व ने अधिक प्रभावित किया :

बिखरीं अलकें ज्यों तर्क जाल
यह विश्व मुकुट सा उज्ज्वलतम
शशिखंड सदृश था स्पष्ट भाल
दो पद्म-पलाश चम्पक-से दृग
देते अनुराग विराग ढाल
गुंजरित मधुप से मुकुल सदृश
वह आनन जिसमें भरा गान

वक्षस्थल पर एकत्र करे
संसृति के सब ज्ञान-विज्ञान
था एक हाथ में कर्म कलश
वसुधा-जीवन-रस-सार लिए
दूसरा विचारों के नभ को
था मधुर अभय अवलम्ब दिए
त्रिवली थी त्रिगुण-तरंगमयी
आलोक-वसन लिपटा अराल
चरणों में थी गति भरी ताल।

(इड़ा, पृ. 72)

शुक्ल जी ने श्रद्धा और इड़ा को क्रमशः हृदय और बुद्धि का प्रतीक अवश्य माना है, और यह इसलिए कि 'कामायनी' में इसका संकेत है, लेकिन वे इस प्रतीकीकरण से सन्तुष्ट नहीं थे। उन्हें यह स्वीकार नहीं था कि बुद्धि और हृदय को परस्पर विरोधी सत्ता के रूप में चित्रित किया जाए। उनकी धारणा तो यह रही है कि "ज्ञान-प्रसार के भीतर ही भाव-प्रसार होता है।"[25] उन्होंने अपनी इसी धारणा को और स्पष्ट करते हुए लिखा है, "मनुष्य में ज्ञान-प्रसार के साथ-साथ भाव-प्रसार भी क्रमशः बढ़ता गया है। अपने परिजनों, अपने सम्बन्धियों, अपने पड़ोसियों, अपने देशवासियों तथा मनुष्य-मात्र और प्राणि-मात्र तक से प्रेम करने भर को जगह उसके हृदय में बन गई है।"[26] फिर यह कैसे सम्भव है कि श्रद्धा का ज्ञान-प्रसार एक सीमा पर जाकर रुक गया हो और उसका भाव-प्रसार मानवता की चरम ऊँचाई को छू गया हो और दूसरी तरफ इड़ा में बुद्धि का प्रसार तो हुआ हो, लेकिन वह हृदय से शून्य रह गई हो। यह एक कृत्रिम अथवा आरोपित स्थिति है, जिसका शुक्ल जी ने विरोध किया है।

इड़ा में हृदय का अभाव नहीं है, लेकिन वह कोरी भावुकता में भी नहीं पड़नेवाली। उसे बुद्धि और कर्म में विश्वास है। वह सारस्वत नगर का पुनर्निर्माण करती है। उसकी बुद्धि, उसका कर्म मानव-कल्याण की भावना से संचालित है। वह मनु द्वारा निर्बाधित अधिकार भोगने की कामना का विरोध करती हैं। फिर,

प्रसाद का श्रद्धा द्वारा इड़ा के लिए यह कहलवाना कि 'सिर चढ़ी रही पाया न हृदय'—कहाँ तक संगत है? यह तो श्रद्धा की ही बुद्धिहीनता हुई। शुक्ल जी ने लिखा है, "जब दोनों (श्रद्धा और इड़ा) अलग-अलग सत्ताएँ करके रखी गई हैं, तब एक को दूसरी से शून्य कहना और दूसरी को पहली से शून्य कहना गड़बड़ में डालना है। पर श्रद्धा में किसी प्रकार की कमी की भावना कवि की एकान्तिक भावना के अनुकूल न थी।"[27]

शुक्ल जी की दृष्टि में 'कामायनी' में, उसकी उपलब्धियों की तुलना में, असंगतियाँ ज्यादा हैं। सभी असंगतियों की जड़ है उसका रहस्यवाद। रहस्यवाद के कारण चरित्र एकांगी हो गए, काव्य में इच्छा, क्रिया और ज्ञान के सामंजस्य का निर्वाह नहीं हो पाया; मानवता की योजना पूर्ण और व्यवस्थित नहीं हो पाई; अन्तर्योजना के स्तर पर भी बिखराव रह गया। 'कामायनी' में यदि कुछ प्रासंगिक अथवा समीचीन है तो अन्त में लाया गया हृदय, बुद्धि और कर्म के सामंजस्य का पक्ष। यह पक्ष केवल अन्त में ही देखने को मिलता है और इसकी प्रतिष्ठा रहस्यवादी धरातल पर ही हुई है।

'भक्ति का विकास' निबन्ध में शुक्ल जी ने रहस्यवाद की तीन कोटियाँ निश्चित की हैं—

(1) रहस्यवाद : भावोपलब्धि के साधन के रूप में;

(2) रहस्यवाद : ज्ञानोपलब्धि के साधन के रूप में;

(3) रहस्यवाद : अर्थोपलब्धि के साधन के रूप में।

प्रथम कोटि के रहस्यवाद में अज्ञात और अव्यक्त के प्रति संकेत-मात्र होता है, उसके चित्रण की प्रवृत्ति नहीं। वह संकेत 'अपनी प्रिय और मधुर जीवन भावना के अवस्थान' के लिए किया जाता है अथवा 'प्रकृति के क्षेत्र के किसी अभिव्यक्त सौन्दर्य या माधुर्य से उठे हुए आह्लाद की अनुभूति की व्यंजना' के लिए। अज्ञात, अज्ञात ही रहता है। भावोपलब्धि के साधन के रूप में अपनाया गया रहस्यवाद शुक्ल जी की दृष्टि में 'स्वाभाविक रहस्यवाद' है। दूसरी कोटि के रहस्यवाद में अज्ञात के चित्रण की प्रवृत्ति होती है। इस प्रवृत्ति के भक्त कवि अज्ञात की निर्विशेषता का ब्योरा देते हैं और आधुनिक कवि 'प्रकृति के रंग-रूप को लेकर तरह-तरह के विराट और अलौकिक चित्र' खड़ा

करते हैं। शुक्ल जी की दृष्टि में इस कोटि के रहस्यवादी चित्रण का कुछ मूल्य अवश्य होता है, लेकिन यह मूलतः झूठा रहस्यवाद है। अर्थोपलब्धि के साधन के रूप में अपनाया गया रहस्यवाद तो सबसे झूठा है और अपने परिणाम में बुरा भी। शुक्ल जी के शब्द हैं, "कर्म के क्षेत्र में रहस्य की प्रवृत्ति का परिणाम सबसे बुरा होता है। जिस फल की प्राप्ति उपयुक्त श्रम और सोचे-समझे उद्योग से होती है। उसे अनायास एक अलौकिक सिद्धि के रूप में रहस्यात्मक ढंग से प्राप्त करने की वासना के कारण चिरकाल से मनुष्य जाति अपने समय, धन और शक्ति का अपव्यय करती चली आ रही है। योग की अनेक प्रकार की अलौकिक सिद्धियाँ, यंत्र, मंत्र, तंत्र इत्यादि इसी वासना वाला रहस्यवाद है।"[28]

शुक्ल जी के 'कामायनी' विवेचन के आधार पर 'कामायनी' का रहस्यवाद इसी तीसरी कोटि का ठहरता है। उनकी दृष्टि में 'कामायनी' की रचना का मुख्य उद्‌देश्य है—'आनन्दवाद' की प्रतिष्ठा। यह प्रतिष्ठा तांत्रिकों और योगियों की 'अन्तर्भूमि पद्धति' पर हुई है। उनके शब्द हैं, "इसमें उन्होंने (प्रसाद) अपने प्रिय 'आनन्द' की प्रतिष्ठा दार्शनिकता के ऊपरी आभास के साथ कल्पना की मधुमती भूमिका बनाकर दी है। यह 'आनन्दवाद' वल्लभाचार्य के कार्य या आनन्द के ढंग का न होकर, तांत्रिकों और योगियों की अन्तर्भूमि पद्धति पर है।"[29]

निश्चित रूप से 'कामायनी' में प्रसाद का उद्‌देश्य मनु को आनन्द-भूमि तक पहुँचाना रहा है। श्रद्धा इस कार्य के लिए माध्यम बनती है। उसी के 'योग' से मनु अखंड आनन्द-भूमि को प्राप्त करता है। यह घटना श्रद्धा के सत्य-ज्ञान को सूचित करती है। 'रहस्य' सर्ग में उसी सत्य-ज्ञान को चित्र-रूप दिया गया है। यह सत्य-ज्ञान अध्यात्मवादी-रहस्यवादी कोटि का अवश्य है, लेकिन उसे योगियों और तांत्रिकों का ज्ञान नहीं कहा जा सकता। शुक्ल जी की इस दृष्टि से उनके प्रेमी आलोचक रामविलास शर्मा भी सहमत नहीं हैं। उन्होंने लिखा है, "प्रसाद जी न योगवादी थे, न भोगवादी थे। उनका दर्शन संसार को शिव का प्रत्यक्ष रूप मानता है और 'कामायनी' लोकमंगल का प्रतीक है।"[30]

हमने भी, दार्शनिक अध्ययनों में, कहीं भी शैवागम के अन्तर्गत तंत्रवाद-योगवाद और भोगवाद की चर्चा कहीं नहीं देखी। वैसे, शैव की ही अगली कड़ी

शाक्त सम्प्रदाय है। लेकिन, शाक्तों ने शैव के आगमों को स्वीकार किया था, न कि शैवों ने शाक्तों के तंत्र दर्शन को जन्म दिया था। और यह मान भी लिया जाए कि प्रसाद पर तंत्र दर्शन का प्रभाव था तो इससे 'कामायनी' में तंत्र-मंत्रवाद की प्रतिष्ठा सिद्ध नहीं हो जाती। वास्तविक बात तो यह है कि प्रसाद ने 'कामायनी' में रहस्यात्मक प्रतीत होनेवाले संसार की सृष्टि के उद्देश्य से शैवागमों के कुछ प्रतीक भर लिए हैं, न कि उनका उद्देश्य इस काव्य में शैव-दर्शन का काव्यात्मक रूपान्तरण रहा है।

'कामायनी' में योगियों और तांत्रिकों के रहस्यवाद की स्थिति तो सन्दिग्ध है, किन्तु इसमें भावोपलब्धि और ज्ञानोपलब्धि की कोटि का रहस्यवाद अवश्य है। 'आशा' सर्ग में प्राकृतिक सौन्दर्य को देखकर मनु के मन में सहज जिज्ञासा होती है कि इन सबका नियन्ता कौन है :

वह विराट था हेम घोलता
नया रंग भरने को आज
कौन? हुआ यह प्रश्न अचानक
और कटुता का था राज।

(आशा, पृ. 14)

... ...

महानील इस परम व्योम में
अन्तरिक्ष में ज्योतिर्मान,
ग्रह, नक्षत्र और विद्युत्कण
किसका करते थे सन्धान!
छिप जाते और निकलते
आकर्षण में खिंचे हुए;
तृण, पीरूध लहलहे हो रहे
किसके रस से सिंचे हुए?
सिर नीचा कर किसकी सत्ता

सब करते स्वीकार यहाँ;
सदा मौन हो प्रवचन करते
जिसका, वह अस्तित्व कहाँ?
हे अनन्त रमणीय! कौन तुम
यह मैं कैसे कह सकता
कैसे हो? क्या हो? इसका तो
भार विचार न सह सकता
हे विराट! हे विश्वदेव! तुम
कुछ हो ऐसा होता भान
मन्द गम्भीर धीर स्वर संयुत
यही कर रहा समर गान।

(आशा, पृ. 15)

'श्रद्धा' सर्ग में 'कामायनी' के रूप-वर्णन के द्वारा रहस्य-भावना की बड़ी ही अनूठी व्यंजना हुई है :

और देखा वह सुन्दर दृश्य
नयन का इन्द्रजाल अभिराम;
कुसुम-वैभव में लता समान
चन्द्रिका से लिपटा घनश्याम

(श्रद्धा, पृ. 21)

'काम' सर्ग में अज्ञात के प्रति जिज्ञासा है और उसका दर्शन भी—दर्शन प्रकृति-क्षेत्र के भीतर है। आकाश और प्रकाश आवरण हैं, जिनके कारण अज्ञात से साक्षात्कार नहीं हो पाता। लेकिन ज्ञात की सत्ता अज्ञात से कम सुन्दर नहीं। कवि अपनी चेतना का प्रकृति पर प्रक्षेप करके उसी में परम सत्ता का आभास पाता है। प्रसाद का मूल रहस्यवादी दर्शन की 'विश्व सुन्दरी प्रकृति में चेतनता का आरोप' है।

'रहस्य' सर्ग में जहाँ 'इच्छा', 'ज्ञान' और 'क्रिया' के त्रिपुर का दर्शन कराया

जाता है और श्रद्धा की स्मिति से तीनों आलोक बिन्दुओं को एक कर दिया जाता है, वह ज्ञानोपलब्धि की कोटि का रहस्यवाद है।

शुक्ल जी का मानना है कि 'कामायनी' का बुद्धिवाद-विरोध उसके रहस्यवाद का परिणाम है। उन्होंने लिखा है, "संवेदना, चेतना, जागरण आदि के परिहार का जो बीच-बीच में अभिलाषा है, उसे रहस्यवाद का तकाजा समझना चाहिए।"[31] उक्त प्रवृत्तियाँ बौद्धिक प्रवृत्तियाँ हैं। प्रसाद का दर्शन ही है कि आनन्द की वृत्ति में श्रद्धा वृत्ति का योग होता है। बौद्धिक प्रवृत्तियाँ उसमें बाधा का काम करती हैं। उन्होंने स्पष्ट लिखा है, "आनन्दमय आत्मा की उपलब्धि विकल्पात्मक विचारों और तर्कों से नहीं हो सकती।"[32] अपनी इसी दार्शनिक विचारणा के अनुरूप प्रसाद ने 'कामायनी' में चिन्ता, संवेदन आदि बौद्धिक वृत्तियों का विरोध किया है :

बुद्धि, मनीषा, मति, आशा
चिन्ता तेरे हैं कितने नाम
अरी पाप है तू, चल जा
यहाँ नहीं कुछ तेरा काम
... ...
चेतनता चल जा, जड़ता से
आज शून्य मेरा भर दे।

(चिन्ता, पृ. 08)

मनु का मन था विकल हो उठा
संवेदन से खाकर चोट;
संवेदन! जीवन जगती को
जो कटुता से देता घोट
... ...
संवेदन और हृदय का
यह संघर्ष न हो सकता

फिर अभाव असफलताओं की
गाथा कौन कहाँ बकता!

(आशा, पृ. 19)

प्रसाद ने यहाँ संवेदन और हृदय का संघर्ष दिखाकर संवेदना को बोधवृत्ति के अर्थ में संकुचित कर दिया है। संवेदना का सम्बन्ध केवल बोधवृत्ति से ही नहीं, मनुष्य की 'सुख दुखात्मक अनुभूति' अथवा भावना से भी है। शुक्ल जी ने ठीक लिखा है, "श्रद्धा करुणा, दया आदि की प्रवर्तिका कही गई है, वह दूसरों की पीड़ा का संवेदन ही तो है।"[33] वस्तुतः 'कामायनी' में जहाँ मनु की रहस्यवादी भावनाएँ जोर मारती हैं, वहीं संवेदन, चेतना, जागरण आदि शब्दों का अर्थ-संकोच हुआ है, सामान्य मनुष्यों के सन्दर्भ में ये शब्द अपने वास्तविक अर्थ में प्रयुक्त हुए हैं। मनु के लिए जो संवेदन केवल इन्द्रियबोध है, वही प्रजा के लिए अनुभूति :

हम संवेदनशील हो चले, यही मिला सुख
कष्ट समझने लगे बनाकर निज कृत्रिम दुःख।

(संघर्ष, पृ. 94)

शुक्ल जी ने 'कामायनी' के बुद्धिवाद विरोध का सम्बन्ध अनातोले फ्रांस के दर्शन से जोड़ा है। उन्होंने लिखा है, "बुद्धि की विगर्हणा द्वारा 'बुद्धिवाद' के विरुद्ध उस आधुनिक आन्दोलन का आभास भी कवि का इष्ट जान पड़ता है, जिसके प्रवर्तक अनातोले फ्रांस ने कहा है कि 'बुद्धि के द्वारा सत्य को छोड़कर और सब कुछ सिद्ध किया जा सकता है। बुद्धि पर मनुष्य को विश्वास नहीं होता। बुद्धि और तर्क का सहारा तो लोग अपनी भली-बुरी प्रवृत्तियों को ठीक प्रमाणित करने के लिए लेते हैं।'"[34]

शुक्ल जी का 'कामायनी' के बुद्धिवाद विरोध का सम्बन्ध अनातोले फ्रांस के दर्शन से जोड़ना उनकी इस धारणा की संगति में है कि काव्य में रहस्यवाद विदेशी वस्तु है। लेकिन प्रसाद के 'रहस्यवाद' निबन्ध को देखें तो शुक्ल जी की यह बात निर्मूल साबित होती है। उक्त लेख में प्रसाद ने दिखाया है कि भारतीय

दर्शन परम्परा में ही आनन्द-भोग में बुद्धि को बाधा माना गया है।

भारतीय दर्शन की दुहाई देना एक बात है और समसामयिक दार्शनिक आन्दोलनों से प्रभावित होना दूसरी बात। प्रसाद पर यूरोपीय दार्शनिक-साहित्यिक आन्दोलनों का प्रत्यक्ष या अप्रत्यक्ष प्रभाव पड़ा हो, यह असम्भव नहीं है। यह सही है कि छायावादी कवियों के दार्शनिक साहित्यिक चिन्तन भारतीय दर्शन की एक विशेष धारा के मेल में हैं। फिर भी, 20वीं शताब्दी में आकर भी भारतीय बौद्धिक जगत का कोई कोना यूरोपीय बौद्धिक आन्दोलनों के संस्पर्श से बिलकुल अछूता रह गया हो, यह बात गले नहीं उतरती।

यूरोप में बुद्धिवाद का विरोध हुआ, वह 19वीं शताब्दी के भौतिकवादी दर्शन की प्रतिक्रिया में था और उसका आधार भी पीछे से चली आ रही दार्शनिक परम्परा में था। प्रसाद के बुद्धिवाद-विरोध अथवा आनन्दवाद का शैव दर्शन आधार ही है, वह उनके काव्य और चिन्तन में ज्यों-का-त्यों नहीं उतर आया है। शुक्ल जी ने यूरोप के भाववादी दर्शन और उसकी बुद्धिवाद-विरोधी निष्पत्तियों का ऐतिहासिक आधार स्पष्ट करते हुए लिखा है :

> पर ईसा की उन्नीसवीं शताब्दी की कट्टर आधिभौतिक दृष्टि के विरुद्ध पीछे जो आध्यात्मिक परिवर्तन (रिएक्शन) आरम्भ हुआ, उसके प्रभाव से बहुत से लेखक बुद्धि-व्यवसायात्मक ज्ञान को अपूर्ण बताकर 'स्वानुभूति' का समर्थन भी करते पाए गए। एडवर्ड कारपेंटर ने अपनी प्रसिद्ध अंग्रेजी पुस्तक 'सिविलाइजेशन : इट्स कॉजेज एंड क्योर' में वर्तमान समय की उस वैज्ञानिक प्रवृत्ति का विरोध किया है जिसमें बुद्धिक्रिया ही सब कुछ मानी गई है; मनुष्य के हृदय-पक्ष तथा स्वानुभूति का एकदम तिरस्कार कर दिया है। उसने 'शब्दबोध की प्रणाली' को 'अज्ञान की प्रणाली' कहा है। दर्शन तक के क्षेत्र में यह 'स्वानुभूतिवाद' किसी न किसी रूप में इधर-उधर पाया जाता है। आजकल के एक प्रसिद्ध यूरोपीय दार्शनिक बर्गसाँ ने भी कोरी बुद्धिक्रिया को एकदेशीय, भ्रान्तिजनक और असमर्थ बताकर स्वानुभूति (इंट्यूशन) का पक्ष ग्रहण किया है।[35]

प्रसाद का यह कहना है कि "आनन्दमय आत्मा की उपलब्धि विकल्पात्मक विचारों और तर्कों से नहीं हो सकती, उपनिषदों से गृहीत अवश्य है, लेकिन उपर्युक्त यूरोपीय दर्शन के मेल में भी है।"

रहस्यवाद के अतिरिक्त 'कामायनी' के प्रति शुक्ल जी की दूसरी शिकायत है कि इसमें मधुचर्या का अतिरेक है। इसे उन्होंने प्रसाद-काव्य की आम प्रवृत्ति के रूप में लक्षित करते हुए लिखा है कि "इनकी रहस्यवादी रचनाओं को देखना चाहें तो यह कहें कि इनकी मधुचर्या के मानस प्रसार के लिए रहस्यवाद का परदा मिल गया अथवा यों कहें कि इनकी सारी प्रणयानुभूति ससीम पर से कूदकर असीम पर जा रही है।"[36]

'मधुचर्या के मानस-प्रसार के लिए रहस्यवाद परदा है'—कथन से स्पष्ट है कि 'कामायनी' में प्राथमिक महत्त्व 'असीम' का नहीं 'ससीम' का है। यह अलग बात है कि उस 'ससीम' का क्षेत्र कुछ ज्यादा ही संकुचित है। इस रूप में शुक्ल जी का यह कहना ठीक है कि "यदि मधुचर्या का अतिरेक और रहस्यवाद की प्रवृत्ति बाधक न होती तो इस काव्य के भीतर मानवता की योजना शायद अधिक पूर्ण और सुव्यवस्थित रूप में चित्रित होती।"[37] शुक्ल जी काव्य में कर्ममय जीवन के हिमायती थे, जिसकी निश्चय ही 'कामायनी' में कमी है। शुक्ल जी का कहना सही है कि कर्ममय जीवन को काम्य-यज्ञों अथवा उद्योग-धन्धों या शासन विधान तक सीमित कर दिया गया है। शुक्ल जी की दृष्टि में कर्म की "भव्य और विशाल भावना के भीतर उग्र और प्रचंड भाव भी लोक के मंगलविधान के अंग हो जाते हैं।"[38]

शुक्ल जी ने 'कामायनी' के दार्शनिक पक्ष को उसके मूल्यांकन का मुख्य आधार बनाया है और उस सीमा में उसका बहुत दूर तक संगत मूल्यांकन किया है। लेकिन यही उनके मूल्यांकन की सीमा भी है। उन्होंने 'कामायनी' को रहस्यवाद, बुद्धिवाद विरोध और मधुचर्या तक सीमित कर दिया है। इसी का परिणाम है कि वे इस काव्य में 'समष्टि रूप में कोई समन्वित प्रभाव' नहीं खोज पाए। उनसे यह पक्ष दूर ही रहा कि इस काव्य में आधुनिक सामाजिक जीवन का भी चित्रण हुआ है। चलते-चलते उन्होंने इस काव्य में 'साम्यवाद की दबी-सी गूँज' और 'विज्ञान की झलक' जरूर देख ली।

आचार्य नन्ददुलारे वाजपेयी और कामायनी

आचार्य नन्ददुलारे वाजपेयी हिन्दी के उन थोड़े-से आलोचकों में हैं, जिन्होंने परम्परा को यथेष्ट महत्त्व देते हुए भी अपने युग की रचनाशीलता को आलोचना का मुख्य विषय बनाया है। महावीरप्रसाद द्विवेदी के युग से लेकर नई कविता तक के सभी साहित्यिक आन्दोलनों और प्रमुख साहित्यकारों पर वाजपेयी जी ने कुछ न कुछ अवश्य लिखा। छायावादी काव्य तो उनके चिन्तन के केन्द्र में था। जैसे आचार्य शुक्ल के साहित्यिक मूल्यांकन का प्रतिमान तुलसीदास थे, लगभग वैसे ही आधुनिक साहित्य के मूल्यांकन में वाजपेयी जी का प्रतिमान छायावाद हुआ।

हिन्दी आलोचना में छायावाद के ऐतिहासिक-सांस्कृतिक महत्त्व की व्याख्या का सर्वप्रथम प्रयास वाजपेयी जी ने ही किया। इस क्रम में उन्हें अनेक तीखे विवादों से गुजरना पड़ा। रीतिवादियों की दृष्टि में छायावादी कविता, कविता ही नहीं थी; आचार्य महावीरप्रसाद द्विवेदी इसे अराजकता और परम्परा-द्रोह का काव्य कह रहे थे; शुक्ल जी छायावाद को रहस्यवाद और लाक्षणिक शैली तक सीमित करके देख रहे थे। वाजपेयी जी ने रीतिवादियों और द्विवेदी जी के आरोपों का तो खंडन किया ही, उनकी मुख्य टक्कर अपने श्रद्धेय गुरु आचार्य शुक्ल से रही। वाजपेयी जी के सामने यह स्पष्ट था कि शुक्ल जी के आलोचना-मूल्यों और मान्यताओं पर चोट किये बगैर छायावाद के महत्त्व का प्रतिपादन सम्भव नहीं है। वाजपेयी जी का कथन है, "छायावाद को हम पंडित रामचन्द्र शुक्ल जी के कथनानुसार केवल अभिव्यक्ति की एक लाक्षणिक प्रणाली-विशेष नहीं मान सकेंगे। उसमें एक नूतन सांस्कृतिक मनोभावना का उद्‌गम है और एक स्वतंत्र दर्शन की नियोजना भी। पूर्ववर्ती काव्य से इसका स्पष्टत: पृथक् अस्तित्व और गहराई है।"[39] वाजपेयी जी ने द्विवेदी-युगीन काव्य, विशेषकर मैथिलीशरण गुप्त के काव्य को, राष्ट्रीय और सांस्कृतिक चेतना के प्रसार की दृष्टि से पर्याप्त महत्त्व दिया है; लेकिन उनकी दृष्टि में, गुप्त जी की कविताओं में "कल्पना की ऊँची उड़ानों से रहित अनुभूति, द्वंद्व रहित भाव और एकहरी अभिव्यक्ति है।"[40] द्विवेदी युग की कविताओं की ये सीमाएँ शुक्ल जी के सामने भी स्पष्ट थीं। शुक्ल जी ने यह भी स्वीकार किया है कि द्विवेदी युग की इन्हीं सीमाओं की प्रतिक्रिया में

छायावाद आया। उन्हीं के शब्द हैं, "द्वितीय उत्थान में काव्य की नूतन परम्परा का अनेक विषय-स्पर्शी प्रसार अवश्य हुआ, पर द्विवेदी जी के प्रभाव से एक ओर उसमें भाषा की सफाई आई, दूसरी ओर उसका स्वरूप गद्यवत् रूखा, इतिवृत्तात्मक और अधिकतर बाह्यार्थ निरूपक हो गया। अत: इस तृतीय उत्थान में जो प्रत्यावर्तन हुआ और पीछे 'छायावाद' कहलाया, वह उसी द्वितीय उत्थान की कविता के विरुद्ध कहा जा सकता है।"[41] द्विवेदी युग के विरोध में आया यह 'छायावाद' अतिलाक्षणिक शैली और रहस्यवादी विषय-वस्तु के कारण शुक्ल जी को स्वीकार नहीं हुआ। उनके अनुसार रहस्यवादी प्रवृत्ति के कारण छायावाद के भीतर 'अर्थ भूमि' का बहुत संकोच हो गया। शुक्ल जी की इस धारणा के विरुद्ध वाजपेयी जी ने प्रतिपादित किया कि रहस्यवाद का क्षेत्र अत्यन्त विस्तृत है, जिसके अन्तर्गत 'मनुष्य के आत्मपक्ष का सम्पूर्ण निरूपण' हुआ और उस 'आत्मपक्ष के अन्तर्गत समस्त जीवन की व्याख्या' हुई।[42] 'जयशंकर प्रसाद' पुस्तक की भूमिका में मैथिलीशरण गुप्त और प्रसाद की कविताओं के कुछ अंश उदाहरण के रूप में रखकर वाजपेयी जी ने दिखाया है कि छायावाद और उसके प्रतिनिधि कवि प्रसाद की कविताओं में "नई कल्पनाशीलता, नूतन जागरूक चेतना, मानसवृत्तियों की सूक्ष्मतम और प्रौढ़तर पकड़, एक विलक्षण अवसाद, विस्मय, संशय और कौतूहल" की सफल अभिव्यक्ति हुई है। वाजपेयी जी के अनुसार इन नवीन काव्य-प्रवृत्तियों के मूल में "एक स्वातंत्र्य लालसा, शक्ति की अभिज्ञता और सांस्कृतिक द्वंद्व की एक अनिर्दिष्ट स्थिति दीख पड़ती है। ये सभी एक कल्पनाविशिष्ट दर्शन के अंग बने हुए हैं, जिसमें बड़ी व्यापक सहानुभूतियाँ हैं। इस नवीन दर्शन में कल्पना, भावना और कर्मचेतना की सम्मिलित झाँकी है।"[43] छायावाद की सांस्कृतिक चेतना और उसके 'स्वतंत्र दर्शन' की व्याख्या वाजपेयी जी ने अनेक स्थलों पर की है। उनके अनुसार छायावादियों का रहस्यवाद धार्मिक कोटि का न होकर उनके 'स्वतंत्र दर्शन' और 'नूतन सांस्कृतिक मनोभावना' से अनुप्राणित है। 'छायावाद' निबन्ध में धार्मिक रहस्यवाद से छायावादियों के रहस्यवाद का भेद स्पष्ट करते हुए उन्होंने लिखा है, "नई छायावादी काव्यधारा का भी एक आध्यात्मिक पक्ष है, परन्तु उसकी मुख्य प्रेरणा धार्मिक न होकर मानवीय और सांस्कृतिक है।"[44]

छायावादी कविता के रहस्यवाद में उसकी मानवीय और सांस्कृतिक प्रेरणा की खोज वाजपेयी जी की आलोचना की खास विशेषता है। लेकिन वाजपेयी जी के साथ मुख्य कठिनाई यह है कि वे छायावाद को उसके सूक्ष्म सौन्दर्य और रहस्य भावना तक सीमित करके देखते हैं। छायावाद की परिभाषा देते हुए उन्होंने लिखा है, "मानव अथवा प्रकृति के सूक्ष्म किन्तु व्यक्त सौन्दर्य में आध्यात्मिक छाया का मान मेरे विचार से छायावाद की एक सर्वमान्य व्याख्या हो सकती है।"[45] यह 'सर्वमान्य व्याख्या' निश्चय ही संकुचित है और एकांगी है। इस परिभाषा में न केवल छायावादी कविता के वस्तुवादी पक्ष की अवहेलना हुई है, बल्कि उसके मूर्त-मांसल सौन्दर्य की भी उपेक्षा हुई है।

शुक्ल जी ने छायावादी कविता को रहस्यवाद तक सीमित मानकर उसका विरोध किया था, इसके पीछे उनका वस्तुवादी आग्रह था। वाजपेयी जी ने छायावादी कविता के भौतिक सन्दर्भ का संकेत करते हुए भी अपनी व्याख्या को बहुत-कुछ उसके रहस्यवाद के समर्थन तक सीमित रखा। उनकी आलोचना में छायावादी कविता के रहस्यवाद की शक्तियों का बखान तो हुआ, लेकिन उसकी असंगतियों और कमजोरियों का पक्ष छूटा ही रहा। वाजपेयी जी ने छायावाद के वस्तुवादी पक्ष की व्याख्या भी भाववादी-रहस्यवादी जमीन से की। रहस्यवाद छायावादी काव्य और चिन्तन का एक पक्ष है, लेकिन प्रसाद और महादेवी के यहाँ वही सर्वाधिक प्रबल पक्ष है। प्रसाद वाजपेयी जी के सबसे प्रिय कवि हैं। शुरू में ही संकेत किया गया है कि वाजपेयी जी और अन्य छायावादी समीक्षकों ने छायावादी कवियों की चिन्तन-सरणि पर अपनी आलोचना को विकसित किया है। ये समीक्षक छायावादी कवियों की काव्य-दृष्टि के इस तरह कायल थे कि 'कामायनी' के आमुख में प्रसाद ने इस काव्य के मनोवैज्ञानिक-रहस्यवादी—आनन्दवादी अभिप्रायों का संकेत किया, और इन्होंने उसी को अपनी समीक्षा का प्रमुख आधार बना लिया। उससे आगे बहुत हुआ तो काव्यशास्त्रीय धरातल पर 'कामायनी' की थोड़ी परीक्षा कर ली।

वाजपेयी जी ने एकाधिक स्थलों पर श्रेष्ठ काव्य का सुन्दर सिद्धान्त-निरूपण किया है; लेकिन उसके आधार पर उनके यहाँ काव्य की उतनी ही सुन्दर व्याख्या भी हुई है, यह नहीं कहा जा सकता। वाजपेयी जी के काव्यादर्श हैं, "बड़े जीवन चक्रों को हाथ में लेना; पेचीदा भाव-धाराओं और सांस्कृतिक परिवर्तन के फलस्वरूप

उठी हुई जटिल समस्याओं का निरूपण करना; व्यक्ति, देश और जाति के जीवन के वृहद् छाया-आलोकों को उद्‌घाटित कर सकना; सारांश यह कि जीवन के गहरे और बहुमुखी घात-प्रतिघात और विस्तृत जीवन-दशाओं में पद-पद पर आनेवाले उद्वेलनों को चित्रित करना, उन्हें सँभालना और अपनी कला में उन सबको सजीव करना।"[46] वाजपेयी जी की दृष्टि में यह सब प्रेमचन्द और गुप्त की सीमा के बाहर है; इस दृष्टि से प्रसाद को ही थोड़ी सफलता मिली है। प्रसाद की 'कामायनी' एक 'प्रौढ़तर प्रयोग' और 'अपने युग की सर्वश्रेष्ठ कलाकृति' है। 'कामायनी' की पाँच विशेषताएँ हैं :

> प्रथम, उसका मनोवैज्ञानिक आधार सुविकसित और प्रौढ़तर है तथा उसमें एक व्यापक अन्तर्निहित दार्शनिक निरूपण अपने लिए स्थान बना सका है। यह निरूपण प्रसाद जी की समन्वयशील विचारणा का प्रतिष्ठापक है। द्वितीय, 'कामायनी' में पूर्व युग की नीतिवादी प्रतीक-व्यंजना के स्थान पर आनन्दवादी आध्यात्मिक व्यंजना की स्थापना है। तृतीय, इसमें पूर्व-युग की 'प्रवृत्ति और निवृत्ति' की बँधी हुई, आदर्शवादी लीक को तोड़कर जीवन-प्रयोगों का विस्तार दिखाया गया है। यह विस्तार नवीन यथार्थोन्मुख प्रवृत्तियों का प्रतीक है। चतुर्थ, रहस्यवाद और प्रेमाख्यानक काव्य के भीतर प्रसाद जी ने नवीन सांस्कृतिक निर्माण का कार्य प्रचुर परिणाम में 'कामायनी' द्वारा किया है। और पंचम, केवल काव्योत्कर्ष की दृष्टि से भी 'कामायनी' का स्थान हिन्दी साहित्य में ऊँचा है।[47]

इन सबका विस्तार से विवेचन 'प्रौढ़तर प्रयोग : कामायनी' और 'कामायनी : विवेचन' निबन्धों में हुआ है।

वाजपेयी जी प्रसाद को आधुनिक हिन्दी में वास्तववाद का प्रवर्तक मानते हैं। सामान्यत: रहस्यवाद और मनोविज्ञानवाद, यथार्थवाद के विरोधी माने जाते हैं, लेकिन वाजपेयी जी ने दिखाया है कि प्रसाद-साहित्य और 'कामायनी' में वही साधक हो गए हैं। उनके अनुसार 'पवित्रतावादी प्रतीकों को छोड़कर आनन्दवादी प्रतीकों को चुनना और उनका अध्यात्मीकरण' करना, तथा भाव-चित्रण के

स्तर पर 'मनोवैज्ञानिक वास्तविकता' का उद्‌घाटन करना प्रसाद की यथार्थोन्मुख प्रवृत्तियों के परिचायक हैं।[48] इस तरह 'कामायनी' का यथार्थवाद 'अखंड आनन्द' की प्रतिष्ठा करनेवाले आध्यात्मिक प्रतीकों और 'मनोवैज्ञानिक वास्तविकता' की सम्पृक्ति से निर्मित है।

'जयशंकर प्रसाद' की भूमिका में वाजपेयी जी ने लिखा है कि 'कामायनी' के रहस्यवाद का सम्बन्ध वास्तविक जीवन की अनुभूतियों से है। उन्हीं के शब्द हैं, "यदि वे (प्रसाद) 'कामायनी' में उच्चतम अध्यात्म की झलक दिखाते हैं तो वह भी जीवन की सर्वाधिक अनुभूतियों के अन्तराल से प्रकट हुए निष्कर्षों के रूप में। वह किसी कोरे स्वप्नद्रष्टा की काल्पनिक या अन्धाधुन्ध उड़ान नहीं है।"[49] प्रसाद के रहस्यवादी जीवन-दर्शन को स्पष्ट करते हुए 'हिन्दी साहित्य : बीसवीं शताब्दी' की 'विज्ञप्ति' में उन्होंने लिखा है :

> यहाँ यह भी समझ लेना चाहिए कि प्रसाद जी का रहस्यवादी जीवन-दर्शन प्रच्छन्न प्रेम-वर्णनों में नहीं, न वह नवीन वास्तविकता के निषेध में है। यदि ऐसा होता तो हम प्रसाद के काव्य और उनके व्यक्तित्व को किसी हद तक पलायनवादी कह सकते थे; किन्तु तब उसमें शक्ति की और सौन्दर्य की वह धारा न दीखती, जो दीखती है। प्रसाद जी का रहस्यवाद जीवन-द्वंद्वों की स्वीकृति और उनके परिहार में देखा जाता है। सुख और दुःख की विपरीत परिस्थितियों के सामंजस्य और सहन में देखा जाता है। अथवा वह कहीं-कहीं करुणा की विश्वव्यापिनी सत्ता के निरूपण में देखा जाता है। प्रसाद का रहस्यवाद वास्तविक (पॉजिटिव) सत्ता है। उनका नियतिवाद और निराशावाद उनके चरम सिद्धान्त नहीं हैं। वे उनके चरम सिद्धान्त रहस्यवाद का उन्मेष करने, उसे प्रखर बनाने और आध्यात्मिक शक्तिसम्पन्न करने में सहायक हुए हैं।[50]

स्पष्ट है कि वाजपेयी जी के अनुसार प्रसाद का रहस्यवाद वास्तविक सत्ता है, जिसमें जीवन-द्वंद्वों की स्वीकृति है, सुख और दुःख की विपरीत परिस्थितियों का सामंजस्य है और करुणा है। लेकिन प्राथमिक महत्त्व वास्तविक सत्ता का नहीं, संकेतों का है। वाजपेयी जी के अनुसार प्रसाद के प्राकृतिक चित्रणों में वस्तुओं की

वास्तविक सत्ता से कवि का उतना सम्बन्ध नहीं है, जितना उनसे प्राप्त होनेवाले संकेतों से है—संकेत जिस 'विराट वस्तु' के प्रति हैं, वे मुख्यतः प्रेम-स्वरूप हैं। "प्रेम और परमात्मा (अथवा विराट प्रकृति) दोनों ही दृष्टि का अन्तरंग और बहिरंग उन्मेष करनेवाले प्रसिद्ध हैं। प्रकृति के द्वारा प्रेम और प्रेम के द्वारा प्रकृति पर अधिकाधिक दृष्टि पड़ती गई और जहाँ इन दोनों का विकासपूर्ण सामंजस्य हो गया है, वहाँ प्रसाद जी का काव्य अत्यन्त गम्भीर और समुन्नत हो उठा है।"[51] कहना न होगा कि वाजपेयी जी के अनुसार प्रसाद के यथार्थवाद का आधार प्रेम-तत्त्व है। "वे प्रकृति की विस्तृत विभिन्नता को प्रेम-तत्त्व से सन्निहित करके देखनेवाले यथार्थवादी हैं।"[52] यहाँ बड़ी आसानी से निर्णय लिया जा सकता है कि वाजपेयी जी के अनुसार प्रसाद का यथार्थवाद रहस्यवादी यथार्थवाद है, जिसका उद्देश्य प्रेम-रहस्य का उद्घाटन करना है। 'आरम्भिक काव्य विकास' में वाजपेयी जी ने लिखा ही है, "प्रसाद जी मूलतः प्रेम-रहस्य के कवि हैं।"[53]

वाजपेयी जी का मानना है कि 'यथार्थोन्मुख मानव रहस्य-काव्य' स्थूल नैतिक मानों को महत्त्व न देकर मानव-मन की सभी अच्छी-बुरी गतियों का तटस्थ चित्रण करता है। उनके अनुसार, सुख और दुख, उत्थान और पतन का आना-जाना अत्यन्त स्वाभाविक है। सुख-दुःख, उत्थान-पतन मन की गति पर निर्भर है; ये विवश होकर मन के पीछे दौड़ते हैं।[54] इसलिए काव्य में इनमें से किसी एक को लीक बनाना अथवा नैतिक पक्ष के प्रति आग्रह रखना यथार्थवाद नहीं, आदर्शवाद है। वाजपेयी जी की दृष्टि में शुक्ल जी इसी आदर्शवाद के प्रतिनिधि हैं। उनके मत में यथार्थवादी भले और बुरे के "द्वंद्वों का समाहार एक नित्य सत्ता में करते हैं और खुली आँखों से उस सत्ता की सम्पूर्ण लीला का रस लेते हैं। यह लीला या अभिव्यक्ति ही रस है। प्रवृत्ति और निवृत्ति की कोई लीक न बनाकर यथार्थवादी सामने आई जगत की स्थिति मात्र का साक्षात्कार करना चाहता और उन स्थितियों में मानव-मन की गतियों का संकलन और कर्तव्यों का निर्धारण करने की चेष्टा करता है। वह आध्यात्मिक एकान्तिकता या नपी-तुली प्रवृत्ति-निवृत्ति की शिक्षा न देकर संसार की परिवर्तनशील यथार्थताओं से हाथ समेटने और आँखें मूँदने का अभ्यास न कर संसार की विविध वास्तविकता के अभिज्ञानपूर्वक सर्वव्यापक आत्मा का जागरूक अनुभव करना चाहता है। काव्य में यह स्वभावतः मनोवैज्ञानिक

विश्लेषण की ओर अधिक आकर्षित है। यह आँख मूँदकर भले-बुरे का द्वंद्व नहीं देख सकता, खुली आँखों सारे रंगों, रूपों, उनकी सम्पूर्ण भंगिमाओं का रस लेगा। संक्षेप में वह रहस्य की ओर लक्ष्य रखेगा, भले-बुरे के द्वैत की ओर नहीं। उसकी दृष्टि मुख्यतः मनोवैज्ञानिक होगी और वह किसी गतानुगतिक 'सु' और 'कु' का पल्ला नहीं पकड़ सकेगा।"[55]

वाजपेयी जी के मतानुसार प्रसाद इसी तरह के यथार्थवादी हैं। निष्कर्ष यह कि रहस्यात्मकता और निरपेक्ष मनोवैज्ञानिक विश्लेषण प्रसाद के यथार्थवाद की प्रमुख विशेषताएँ हैं और 'कामायनी' रहस्यवादी-मनोवैज्ञानिक यथार्थवाद का काव्य है। रहस्यवादी, मनोवैज्ञानिक यथार्थवाद ही वाजपेयी जी के 'कामायनी' विवेचन की मुख्य सिद्धान्त भूमि है। 'प्रौढ़तर प्रयोग : कामायनी' में इस सिद्धान्त का सूत्रपात हुआ और विस्तार 'कामायनी-विवेचन' में। 'प्रौढ़तर प्रयोग' में 'कामायनी' की कथा की एक सामान्य व्याख्या भी देखने को मिलती है, लेकिन 'कामायनी-विवेचन' में उसकी व्याख्या पूर्णतः मनोवैज्ञानिक विवेचन में बदल गई।

वाजपेयी जी ने 'कामायनी' की कथा के ऐतिहासिक आधार को महत्त्व नहीं दिया है। उनके अनुसार जयशंकर प्रसाद का उद्देश्य प्राचीन साहित्य का विलोड़न नहीं, उसके आधार पर नई दृष्टि का विन्यास करना रहा है। हालाँकि वाजपेयी जी का यह भी मानना है कि 'कामायनी' में कोई अन्य संकेत न भी होता तो भी यह मनु और कामायनी की कथा के रूप में कलात्मक, स्वाभाविक और आधुनिक कथा थी, लेकिन वाजपेयी जी का मुख्य बल 'कामायनी' की कथा के सांकेतिक होने पर ही है। उनके अनुसार 'कामायनी' में मनु और कामायनी की कथा के माध्यम से 'आधुनिक मानव-मात्र, नर-नारी-मात्र' के जीवन और प्रवृत्ति का संकेत किया गया है।[56] विलक्षण बात यह है कि मनु और कामायनी आधुनिक भी हैं और शाश्वत पुरुषत्व और नारीत्व भी, "जो मनु और कामायनी हैं, वही आधुनिक पुरुष और नारी भी हैं। यही नहीं, शाश्वत पुरुषत्व और नारीत्व भी वही हैं।"[57] वाजपेयी जी की दृष्टि में यही प्रसाद की दृष्टि की नवीनता है। प्रसाद ने मनु और श्रद्धा को क्रमशः मन अथवा मनन और हृदय का प्रतीक माना था, वाजपेयी जी के यहाँ आकर वे मानव-मात्र और नारी-मात्र के प्रतीकों में बदल गए। यही नहीं, वे सभ्यता, इतिहास और परम्परा के आवरणों से मुक्त

भी हो गए, "पुरुष और नारी प्रकृत्या क्या हैं, सभ्यता, इतिहास और परम्परा के आवरणों को अलग कर देने पर मूलतः वे क्या रह जाते हैं : यही कामायनी और मनु के स्वरूपों में दिखाया गया है। आज का मनुष्य और आज की नारी इतिहास की उपज है। उसमें कृत्रिम प्रवृत्तियों और संस्कारों का मेल हो गया है, इसलिए समस्त ऐतिहासिक और कालगत आवरण के परे जाकर मूल मानव-वृत्तियों के उद्‌घाटन में प्रसाद जी संलग्न हुए हैं।"[58]

'मूल मानव वृत्तियों' से वाजपेयी जी का आशय मनु के व्यक्तिवाद और श्रद्धा की भावुकता से है। इड़ा का बुद्धिवाद, वाजपेयी जी की दृष्टि में मूल मानव वृत्ति नहीं, आधुनिक मानव की प्रवृत्ति है। श्रद्धा तत्त्व पर वाजपेयी जी का विश्वास है, लेकिन मनु के व्यक्तिवाद और उससे संचालित अपराधों से भी उनका कोई विरोध नहीं है। वे तो मानते हैं कि मनुष्य की अच्छाई-बुराई 'मन की गति' पर निर्भर हैं—यानी अपराध करनेवाला मनुष्य भी निर्दोष है। मनु मानव-मात्र का प्रतीक है, इसे सिद्ध करने के लिए एक तरफ वे उसकी कमजोरियों को मानवोचित ठहराते हैं तो दूसरी तरफ उसमें खोज-खोजकर अच्छाइयाँ निकालते हैं। 'चिन्ता' सर्ग के प्रारम्भ के आधार पर वे दिखाते हैं कि मनु वीर्यवान है, तपस्वी है, विचारवान है, वह महाप्रलय को देखकर रोता भी नहीं है।[59] इसके विपरीत सचाई यह है कि लगभग पूरे 'चिन्ता' सर्ग में मनु सिर्फ रोने-धोने का काम करता है :

विस्मृति आ, अवसाद घेर ले
नीरवते! बस चुप कर दे
चेतनता चल जा, जड़ता से
आज शून्य मेरा भर दे।
... ...
चिन्ता करता हूँ मैं जितनी
उस अतीत की, उस सुख की,
उतनी ही अनन्त में बनती
जातीं रेखाएँ दुख की।

(कामायनी, पृ. 8)

यह रोना नहीं तो और क्या है? 'चिन्ता' सर्ग को स्वतंत्र रूप से देखें तो वह एक शोक काव्य है, जिसमें प्रलय-पूर्व जीवन के सुख-वैभव के लुप्त हो जाने पर मनु अपने पूर्वजों को धिक्कारता और रोता है। जबकि वाजपेयी जी ने तो यहाँ तक कहा कि मनु को चिन्ता थी ही नहीं—या थी भी तो बहुत मामूली—"उसकी चिन्ता का आवेग केवल आगन्तुक था। यदि एक थोड़ी-सी चिन्ता थी, तो वह उपेक्षा से भरी हुई, प्रलय की भी परवाह न करनेवाली, यौवन की तरंगिणी में बह गई।"[60] यहाँ कहना न होगा कि मनु के प्रति वाजपेयी जी के मोह ने उनके मनोवैज्ञानिक विश्लेषण के दावे को भी पछाड़ दिया। मनु के प्रति इतना मोह तो प्रसाद में भी नहीं था। इस तथ्य की ओर मुक्तिबोध ने संकेत किया है।[61]

श्रद्धा के शुद्ध नारीत्व और त्याग-भावना ने वाजपेयी जी को विशेष रूप से आकर्षित किया है। वे श्रद्धा को 'भारतीय भावना और दर्शन की प्रतिनिधि' घोषित करते हैं।[62] श्रद्धा वृत्ति वाजपेयी जी की दृष्टि में आदर्श-वृत्ति है। उनका मानना है कि "मानव की समस्त प्रगति, विकास और विस्तार श्रद्धा द्वारा ही सम्भव है।"[63]

वाजपेयी जी ने मनु की कमजोरियों और श्रद्धा के त्याग, दोनों की एक साथ जो वकालत की है, उसमें कोई अन्तर्विरोध नहीं है। श्रद्धा की त्याग-भावना मनु की कमजोरियों और स्वेच्छाचारिता के पक्ष में जानेवाली चीज है। हुआ भी कुछ ऐसा ही है। मनु के सारे अपराधों को भूलकर श्रद्धा उसे भोला होने की संज्ञा देती है :

मैं अपने मनु को खोज चली
सरिता, मरु, नग या कुंज-गली।
वह भोला इतना नहीं छली
मिल जाएगा, हूँ प्रेम-पली।

(कामायनी, दर्शन सर्ग, पृ. 114)

मनु के प्रति श्रद्धा के ये उद्गार उसकी व्यक्तिवादी भावना के द्योतक हैं। श्रद्धा ने यह बात मनु द्वारा केवल अपने प्रति किये गए अपराधों को भूलकर कहीं होती तो और बात थी, लेकिन यहाँ तो यह बात इड़ा और प्रजा के प्रति हुए अत्याचारों

को देखने के बाद कही गई है। इससे यही जाहिर होता है कि श्रद्धा की त्यागशीलता मनु-मात्र के लिए है, वह अत्यन्त व्यक्ति-केन्द्रित है। मुक्तिबोध ने ठीक लिखा है, "श्रद्धा के पास कोई अपना सार्वजनिक जीवन नहीं है।"[64] वह वनवासिनी है। मनु और अपनी सन्तान के अतिरिक्त उसका सम्पर्क केवल पशुओं से रहा है। उसमें पर्याप्त बुद्धि तो नहीं ही है, उसकी भावना का भी व्यवहार में मानव-समुदाय से कोई जुड़ाव नहीं है। इसलिए यहाँ इस बात को लेकर थोड़ा आश्चर्य होता है कि वाजपेयी जी ने मैथिलीशरण गुप्त की मानवता को 'आश्रम वासिनी' कहकर उसका उपहास किया और स्वयं वनवासिनी श्रद्धा पर न्योछावर हो गए, वही उन्हें मानवता की समस्त प्रगति की सूत्रधार दिखाई पड़ी।

'कामायनी' का बुद्धिवाद-विरोध वाजपेयी जी को अत्यन्त समीचीन लगा। वाजपेयी जी विज्ञान के विकास को मानवता के विकास की दृष्टि से अहितकर मानते हैं। चूँकि आधुनिक बुद्धिवाद के मूल में विज्ञान की प्रेरणाएँ हैं, इसलिए वह स्वभावतः अहितकर और विनाशकारी होगा। वाजपेयी जी की दृष्टि में मानव को जितनी बुद्धि की जरूरत है, जितनी बुद्धि का भार वह वहन कर सकता है, वह श्रद्धा में है; उससे अधिक बुद्धि का अर्थ है मनुष्य का माथा फिरना और मानवीय सभ्यता का विनाश।[65]

वस्तुस्थिति यह है कि श्रद्धा स्वयं भी अपनी बुद्धि को पर्याप्त नहीं मानती। इसलिए वह अपनी सन्तान मानव को इड़ा के हाथों में सौंपती है। उक्त प्रसंग को देखते हुए लगता है कि बुद्धि की 'अति' से प्रसाद भी वाजपेयी जी की तुलना में कम भयभीत हैं। प्रसाद की दृष्टि रही है कि बुद्धि-तत्त्व पर हृदय का नियंत्रण होना चाहिए। श्रद्धा मानव को इड़ा के सहयोग से सारस्वत नगर का शासन-भार सँभालने और राष्ट्र-नीति देखने के लिए कहती है :

रह सौम्य! यहीं, हो सुखद प्रान्त,
विनियम कर दे कम कान्त
तुम दोनों देखो राष्ट्र-नीति
शासक बन फैलाओ न भीति।

(कामायनी, दर्शन, पृ. 113-14)

और इड़ा में स्नेह-भाव अथवा हृदय भी है, यह भी श्रद्धा से ही कहलवाया गया है :

हे सौम्य! इड़ा का शुचि दुलार,
हर लेगा तेरा व्यथा-भार।

आगे है :

यह तर्कमयी तू श्रद्धामय
तू मननशील कर कर्म अभय
इसका तू सब संताप नियम
हर ले, हो मानव भाग्य उदय।

(वही, पृ. 114)

उपर्युक्त पंक्तियों का यह अर्थ नहीं कि बुद्धि की सीमा बाँध देनी चाहिए, बल्कि यहाँ केवल इतना ही अर्थ व्यंजित होता है कि बुद्धि को मानवता के विकास में लगाना चाहिए। हालाँकि प्रसाद के चिन्तन का यह दोष अवश्य रहा है कि वे एकतरफा नियंत्रण कायम करना चाहते हैं। वे यह नहीं देखते कि हृदय पर भी बुद्धि का नियंत्रण उतना ही आवश्यक है, जितना कि बुद्धि पर हृदय का। हृदय भी तो मानव-कल्याण से विमुख होकर केवल सगे-सम्बन्धियों पर न्योछावर हो सकता है।

वाजपेयी जी ने 'कामायनी' के अन्तर्गत हृदय, बुद्धि और कर्म के सामंजस्य को 'अपूर्व काव्यात्मक प्रयास' कहा है।[66] इसके ठीक विपरीत मत शुक्ल जी का था, "जिस समन्वय का पक्ष कवि ने अन्त में सामने रखा है, उसका निर्वाह रहस्यवाद की प्रवृत्ति के कारण काव्य के भीतर नहीं होने पाया है। पहले कवि ने कर्म को बुद्धि या ज्ञान की प्रवृत्ति के रूप में दिखाया, फिर अन्त में कर्म और ज्ञान के बिन्दुओं को अलग-अलग रखा।"[67] हृदय, बुद्धि और कर्म के सम्बन्ध के बारे में शुक्ल जी की समझ सुसंगत थी। उनका सूत्र था—ज्ञान भावों के संचार के लिए मार्ग खोलना है और मनुष्य की भावात्मिका वृत्ति उसे कर्म में प्रवृत्त करती है।[68] वाजपेयी जी हृदय, बुद्धि और कर्म के सामंजस्य को आवश्यक तो मानते हैं, लेकिन उनके यहाँ इन तीनों के सम्बन्ध की वस्तुवादी पहचान नहीं है।

वाजपेयी जी के कामायनी-विवेचन में मुख्यतः दो प्रकार के अन्तर्विरोध हैं—वस्तुवाद और भाववाद का अन्तर्विरोध; और स्वच्छन्दतावाद और शास्त्रीयतावाद का अन्तर्विरोध। अक्सर उनका विवेचन वस्तुवादी आग्रह से शुरू होता है और वह भाववादी व्याख्या में निःशेष (रिड्यूस) हो जाता है। उदाहरण के लिए, एक तरफ तो वे लिखते हैं कि प्रसाद जी का साहित्य आधुनिक समस्याओं को प्रतिबिम्बित करता है।[69] दूसरी तरफ वे 'कामायनी' की व्याख्या 'समस्त ऐतिहासिक और कालगत आवरण के परे जाकर' करते हैं। उसी तरह, एक तरफ उनके यहाँ साहित्य का स्वच्छन्दतावादी आदर्श प्रस्तुत हुआ है, जैसे प्रवृत्ति और निवृत्ति की बँधी हुई आदर्शवादी लीक को तोड़ना आदि; लेकिन दूसरी तरफ 'कामायनी विवेचन' लेख में काव्यशास्त्रीय व्याख्या हावी हो जाती है। 'कामायनी : नई दृष्टि' निबन्ध में वाजपेयी जी ने 'नई दृष्टियों' की बाढ़ तो लगा दी है, लेकिन जिन तीन नवीनताओं—नायक की कल्पना की नवीनता, चरित्रों के एक महान व्यापार में सम्मिलित होने का आभास, और वस्तु-वर्णन के क्षेत्र में सूक्ष्म मानसिक भावनाओं की निवृत्ति[70] को गिनाया है, उनका कॉलेजों की परीक्षा में उत्तीर्ण होने से ज्यादा मूल्य नहीं है।

वाजपेयी जी एक तरफ इस बात को लेकर प्रशंसा प्रकट करते हैं कि प्रसाद की मानवता में दृढ़ आस्था होने के कारण 'कामायनी' दुखान्त होने से बच गई।[71] वे यह भी लिखते हैं कि "इच्छा, ज्ञान और क्रिया के तीनों लोकों का पृथक्-पृथक् वर्णन कवि की दार्शनिकता के साथ उसके काव्यत्व का अनुपम परिचायक है।"[72] दूसरी तरफ वे उपसंहार के आनन्दात्मक दृश्यों को दार्शनिक और आलंकारिक पूर्ति मानकर सन्तोष करने को भी तैयार हैं। उन्हीं के शब्द हैं, "वस्तु-विन्यास की दृष्टि से 'कामायनी' को दुःखान्त रचना मान लेने में कोई आपत्ति नहीं। उपसंहार के आनन्दात्मक दृश्यों को हम संधियों से परे दार्शनिक और आलंकारिक (ऑर्नामेंटल) पूर्ति मानकर भी सन्तोष कर सकते हैं।"[73] वाजपेयी जी का यह 'सन्तोष' हमारी दृष्टि में सुखप्रद है। 'कामायनी' के अन्तिम तीन सर्ग दर्शन के बोझ से लदे हुए हैं और काव्यत्व की दृष्टि से उनका मूल्य विवाद का विषय है।

वाजपेयी जी छायावाद के प्रबल समर्थक थे, 'कामायनी' उनका सर्वाधिक प्रिय काव्य था; लेकिन उनके पास शुक्ल जी जैसी न तो सुचिन्तित आलोचना-दृष्टि थी और न काव्य-विश्लेषण की वह मेधा ही। वाजपेयी जी की आलोचना

में छायावादी कवियों की काव्य-दृष्टि की गतानुगतिकता थी। वाजपेयी जी की आलोचना-दृष्टि में जो मौलिकता थी, वह भी अपनी समन्वयवादी प्रवृत्ति के कारण विचित्रता का शिकार हो गई है। शुक्ल जी ने 'कामायनी' के केवल दार्शनिक पक्ष को विवेचन का मुख्य विषय बनाया और उसी के आधार पर उसके लगभग सभी पक्षों का मूल्यांकन किया। वाजपेयी जी ने, उनकी दृष्टि में 'कामायनी' के विवेचन के जितने पक्ष हो सकते थे, सबको विवेचन का विषय बनाया, यही उनकी मुख्य सफलता है। हालाँकि वाजपेयी जी 'कामायनी' के सम्बन्ध में कुछ ऐसे विचार रखने में अवश्य सफल हुए, जिनको लेकर हिन्दी आलोचना में विवाद का माहौल तैयार हुआ।

डॉ. नगेन्द्र और कामायनी

आचार्य नन्ददुलारे वाजपेयी की आलोचना में स्वच्छन्दतावाद और शास्त्रीयतावाद का द्वंद्व था, लेकिन उनका मुख्य रूप से झुकाव स्वच्छन्दतावादी विवेचन की ओर था। इसके विपरीत डॉ. नगेन्द्र की आलोचना में शास्त्रीयतावाद पर अधिक जोर है। डॉ. नगेन्द्र पर अनेक शास्त्रों और दृष्टियों का प्रभाव लक्षित होता है। उनकी अनुभूति छायावाद की है; उनके विचार फ्रायडवाद के हैं; उनकी आलोचना-पद्धति प्राचीन भारतीय काव्यशास्त्र और पाश्चात्य काव्यशास्त्र के मेलजोल से बनी है। हालाँकि इनमें से प्रथम और द्वितीय का प्रभाव क्रमशः घटता चला गया; अन्त में उनके पास केवल शास्त्र रह गया।

डॉ. नगेन्द्र ने 'कामायनी' का भी विवेचन विशुद्ध काव्यशास्त्रीय प्रतिमानों के सहारे किया है। हालाँकि उनके 'कामायनी' विवेचन में कहीं-कहीं छायावादी काव्य-मूल्यों और फ्रायडवादी दृष्टि का भी दर्शन होता है; लेकिन उनका महत्त्व आनुषंगिक है, महत्त्वपूर्ण काव्यशास्त्रीय व्याख्या ही है। विवेचन को वैविध्यपूर्ण बनाने के उद्देश्य से एकाध स्थलों पर उन्होंने 'कामायनी' की कथा और चरित्रों की सामाजिक व्याख्या की भी कोशिश की है। उसका महत्त्व भी नगण्य है।

'कामायनी के अध्ययन की समस्याएँ' पुस्तक के पहले निबन्ध में डॉ. नगेन्द्र ने काव्य के अध्ययन-अध्यापन को उसके रसास्वादन का अंग मानते हुए आई.ए.

रिचड्र्स द्वारा प्रस्तुत रसास्वादन के अवस्थानों के आधार पर 'कामायनी' के अध्ययन की छह समस्याएँ गिनाई हैं—

(1) पाठालोचन;
(2) सम्बद्ध बिम्ब-विधान;
(3) स्वतंत्र बिम्ब-विधान;
(4) भावोद्बोधन;
(5) दृष्टिकोण का निर्माण;
(6) मूल्यांकन की समस्या।

डॉ. नगेन्द्र के अनुसार 'कामायनी' के अध्ययन की पहली समस्या पाठालोचन की है। यह समस्या वास्तविक है। 'कामायनी' में अनेक स्थलों पर विराम चिह्नों और उद्धरण चिह्नों का यादृच्छिक प्रयोग हुआ है। इससे स्वभावतः अर्थबोध में बाधा पड़ती है। आचार्य नन्ददुलारे वाजपेयी ने इस अव्यवस्था का कारण स्पष्ट करते हुए लिखा है, "वास्तव में 'प्रसाद' जी विराम चिह्नों की योजना में स्वयं कोई दिलचस्पी नहीं लेते थे, 'कामायनी' में इन चिह्नों का प्रयोग छपते-छपते किया गया था। इस कार्य में स्वयं मेरा भी कुछ हाथ रहा है, पर इतनी जल्दी में सुव्यवस्थित विराम-योजना तैयार नहीं की जा सकती थी।"[74]

'कामायनी' के अध्ययन-अध्यापन अथवा रसास्वादन में उसके जटिल बिम्ब-विधान बहुधा बाधा उपस्थित करते हैं। डॉ. नगेन्द्र ने 'कामायनी' के बिम्ब-विधान की मुख्यतः दो कोटियाँ निश्चित की हैं—सम्बद्ध बिम्ब-विधान और स्वतंत्र बिम्ब-विधान। डॉ. नगेन्द्र के अनुसार सम्बद्ध बिम्ब-विधान अभिधार्थ ज्ञान का ही प्रतीक है। 'कामायनी' के अभिधार्थ ज्ञान में सांस्कृतिक, दार्शनिक और मनोवैज्ञानिक पारिभाषिक शब्दों के कारण अन्य समसामयिक काव्यों की अपेक्षा अधिक कठिनाई होती है।[75] 'कामायनी' में कल्पना-तत्त्व का अपूर्व प्रयोग है, इसलिए उसमें स्वतंत्र बिम्ब-विधान भी सर्वाधिक है। बिम्ब-विधान जितना स्वतंत्र होता है, उतना ही उसमें वैचित्र्य होता है—और यह स्वभावतः काव्य के अर्थबोध में बाधक होता है। इसलिए 'कामायनी' के अध्ययन की एक महत्त्वपूर्ण समस्या है—'उसके राशि-राशि बिम्बों का विश्लेषण-व्याख्यान।'[76] राशि-राशि बिम्बों की शृंखला से समग्र बिम्ब का निर्माण होता है।[77] डॉ. नगेन्द्र का मानना है कि "समग्र

बिम्ब का भीतरी ढाँचा कथावस्तु है और बाहरी ढाँचा काव्यरूप है।"[78] इस प्रकार डॉ. नगेन्द्र के अनुसार 'कामायनी' की कथावस्तु और उसका काव्यरूप, दोनों ही समग्र बिम्ब से निर्धारित होते हैं। भावोद्‌बोधन के प्रश्न को डॉ. नगेन्द्र ने 'कामायनी' के अंगीरस का प्रश्न माना है।[79] कामायनीकार की दृष्टि का निर्माण अनेक दार्शनिक-वैज्ञानिक विचारधाराओं के आधार पर हुआ है। 'कामायनी' में उपस्थित सभी प्रकार के दर्शनों के बीच से आनन्दवाद के मूल सूत्र को पकड़कर दार्शनिक गुत्थी को सुलझाना 'कामायनी' के अध्ययन की अनिवार्य समस्या है।[80]

डॉ. नगेन्द्र ने लिखा है, "एक ओर यदि 'कामायनी' आधुनिक हिन्दी काव्य का सर्वाधिक महत्त्वपूर्ण गौरव-ग्रन्थ है, तो दूसरी ओर वह सबसे अधिक विवादास्पद भी।"[81] डॉ. नगेन्द्र ने कामायनी-विवाद को शास्त्रीय विवादों तक सीमित करके देखा है और पुनः उसी स्तर पर 'कामायनी' को आधुनिक हिन्दी साहित्य की महान उपलब्धि साबित किया है। इस सम्बन्ध में उनका प्रथम आग्रह 'कामायनी' के महाकाव्यत्व को असन्दिग्ध दिखाने का है। यह परम्परागत स्वदेशी या विदेशी काव्यशास्त्रों के आधार पर सम्भव नहीं था, इसलिए उन्होंने महाकाव्य के देशकाल-निरपेक्ष तत्त्वों की तलाश की। वे तत्त्व हैं—उदात्त कथानक, उदात्त कार्य अथवा उद्‌देश्य, उदात्त चरित्र, उदात्त भाव और उदात्त शैली। अर्थात् औदात्य महाकाव्य का सर्वोपरि गुण है और 'कामायनी' इसी दृष्टि से महान उपलब्धि अथवा महाकाव्य है।

डॉ. नगेन्द्र के अनुसार 'कामायनी' मानव-चेतना का महाकाव्य है। मानव-चेतना का इसलिए कि उसकी घटनाओं का क्षेत्र भौतिक जगत नहीं, मानव-आत्मा अथवा मानव-चेतना है। वाजपेयी जी ने मनु को मानव-मात्र का प्रतीक मानकर उसकी प्रवृत्तियों का अध्ययन सभ्यता, इतिहास और परम्परा के आवरण से मुक्त मानव की प्रवृत्तियों के रूप में किया था। डॉ. नगेन्द्र को इतने से सन्तोष नहीं हुआ। उन्होंने मनु को मानव-चेतना के विकास का प्रतीक घोषित करते हुए मनोविश्लेषण-सिद्धान्त के सहारे प्रतिपादित किया कि विश्व में होनेवाली वास्तविक घटनाएँ मानसिक घटनाओं के ही प्रतिबिम्ब हैं। उन्हीं के शब्द हैं, "अवचेतन मनोजगत के उद्‌घाटन और तत्सम्बन्धी अनुसन्धानों से यह स्पष्ट हो गया है कि भौतिक जगत का विराट घटनाचक्र मानव-चेतना के अतल गहराइयों में होनेवाले घटना-चक्र की छाया-मात्र है।"[82] 'कामायनी' के रूपक-तत्त्व में यह सिद्धान्त

उलट गया है—और उलटा भी है, तो मनोविश्लेषण-शास्त्र के ही सहारे! वहाँ डॉ. नगेन्द्र ने दिखाया है कि आज का मनुष्य सामाजिक-ऐतिहासिक कारणों से 'स्वरति की भावना' अथवा व्यक्तिवाद से आक्रान्त है।"[83]

'कामायनी' चूँकि मानव-चेतना का महाकाव्य है, इसलिए रूपक-तत्त्व और प्रगीत-तत्त्व, जो महाकाव्य में दोष के रूप में परिलक्षित किये जाते हैं, यहाँ साधक हो गए हैं, "वह ऐहिक जीवन का महाकाव्य नहीं है, मानव-चेतना का महाकाव्य है—अतः रूपक-तत्त्व जो सामान्यतः महाकाव्य में बाधक होता है, यहाँ साधक बनकर आया है, इसलिए प्रगीत तत्त्व भी यहाँ बाधक न होकर साधक ही हुआ है। मानव-चेतना के विकास का यह महाकाव्य अथवा मानव-सभ्यता के विकास का यह विराट-रूपक साहित्य के इतिहास में नवीन प्रयोग है—एक अद्भुत उपलब्धि है।"[84]

डॉ. नगेन्द्र ने 'कामायनी' के रूपक-तत्त्व को दृढ़ता के साथ स्वीकार किया है। उनके अनुसार आदिम पुरुष मनु और उसकी सहचरी आदिम नारी श्रद्धा के संयोग से सृष्टि के विकास की कथा 'कामायनी' का प्रस्तुत पक्ष है और अहंकार की क्लेशमयी स्थिति से समरसता की आनन्दमयी स्थिति तक, मनोमय कोश से आनन्दमय कोश तक जीव का विकास, उसका अप्रस्तुत पक्ष है।[85] डॉ. नगेन्द्र के यहाँ मनु, श्रद्धा और इड़ा के प्रतीकों की व्याख्या थोड़े हेर-फेर के साथ प्रसाद वाली ही है। गौण चरित्रों, घटनाओं, स्थलों और दृश्यों की व्याख्या भी उन्होंने दार्शनिक और मनोवैज्ञानिक प्रतीकों के रूप में की है। 'कामायनी' के प्रतीकों का आधुनिक अर्थ उनसे बिलकुल ही छूटा रहा।

डॉ. नगेन्द्र ने 'कामायनी' में बीसियों प्रतीक तो दिखा दिए, लेकिन जब वे खुद उनमें संगति नहीं बैठा पाए तो यह कहकर सन्तोष कर लिया, "कामायनी की कथा का विकास ही असंगतियों से भरा हुआ है; उसमें ही काफी जोड़ लगे हुए हैं।"[86] 'कामायनी' के प्रतीकों की असंगतियों का अनुभव दूसरे विद्वानों ने भी किया है; लेकिन डॉ. नगेन्द्र के साथ कठिनाई यह है कि उन्होंने कुछ ज्यादा ही प्रतीक देख लिये। हालाँकि डॉ. नगेन्द्र का यह कहना ठीक है कि "'कामायनी' के प्रतीकात्मक वर्णन प्रायः स्वतंत्र हो जाते हैं।"[87]

'कामायनी' के जिस तत्त्व ने डॉ. नगेन्द्र को सर्वाधिक आकृष्ट किया, वह है उसका आनन्दवाद। डॉ. नगेन्द्र ने जीवन और काव्य, दोनों ही धरातल पर

आनन्द को मुख्य प्रयोजन माना है। उन्होंने लिखा है, "काव्य का प्रयोजन क्या है? मेरा उत्तर है—आनन्द! शास्त्र में आनन्द के प्रतिस्पर्धी अनेक प्रयोजनों की कल्पना की गई है। इसमें समष्टि के धरातल पर 'लोक-कल्याण' और व्यष्टि के धरातल पर 'चेतना का परिष्कार' मुख्य है। इनका प्रयोजन भी तो आनन्द ही है। आत्मवादी जहाँ प्रकृति को अपनी चेतना के भीतर खींचकर उसका भोग करता है, वहाँ लोकवादी आत्मा का प्रकृति में विस्तार करता है। पर ये दोनों की अपने-अपने ढंग से आनन्द-साधना ही करते हैं। वैसे भी, आनन्द से बड़ा कल्याण और क्या हो सकता है? व्यक्ति के धरातल पर चेतना का परिष्कार भी एक प्रक्रिया ही है, परिणति नहीं है। परिणति उसकी भी आनन्द ही है। अतः आनन्द का निषेध मैं जीवन और काव्य, दोनों में ही असम्भव मानता हूँ।"[88] डॉ. नगेन्द्र जब इतने आनन्दवादी नहीं थे, तब उन्हें 'कामायनी' 'साकेत' से भी हीन और 'मनोविज्ञान की ट्रीटाइज' लगी थी। उन्हीं के शब्द हैं, "मानवतत्त्व मानव के पारस्परिक सम्बन्ध-संसर्गों का व्याख्यान साकेत की अक्षय विभूति है, जिसके सम्मुख प्रिय प्रवास कहीं-कहीं नीति ग्रन्थ-सा प्रतीत होने लगा है और कामायनी मनोविज्ञान की ट्रीटाइज।"[89] अब तो 'कामायनी' के अंगीरस से लेकर प्रतिपाद्य तक—सबमें उन्हें आनन्द ही आनन्द दीखने लगा है। कहने की आवश्यकता नहीं कि आनन्दवाद डॉ. नगेन्द्र को प्रसाद या छायावाद से नहीं, संस्कृत काव्यशास्त्र से प्राप्त हुआ है। 'कामायनी' को आनन्द की प्रयोगशाला बनाने में उन्हें आसानी हुई। हालाँकि उन्होंने दबी जुबान में स्वीकार किया है कि 'कामायनी' का आनन्दवाद आरोपित है और उससे काव्यत्व को नुकसान पहुँचा है। एक स्थल पर उन्होंने लिखा है, "जितना हुआ है वह भी कवित्व का मूल्य देकर ही हुआ है।"[90] 'आधुनिक हिन्दी नाटक' में उन्होंने 'कामायनी' के अन्त को असंगत कहा है, "कामना और कामायनी दोनों का अन्त स्वभाव-सिद्ध कम-से-कम क्रमिक नहीं है—आग्रह से ग्रहण किया हुआ है, और आग्रह में विश्वास इतना नहीं होता जितना कि विश्वास का प्रयत्न।"[91]

जिस तरह डॉ. नगेन्द्र के अनुसार 'कामायनी' की कथा में काफी जोड़ लगे हुए हैं, उसी तरह 'कामायनी के अध्ययन की समस्याएँ' में भी विभिन्न शास्त्रीय पक्षों के जोड़ लगे हुए हैं; वे आपस में कहीं नहीं मिलते। वस्तुतः डॉ. नगेन्द्र के

यहाँ 'कामायनी' का कायदे से शास्त्रीय अध्ययन भी नहीं है, उस पर शास्त्रीय मूल्यों का आरोप मात्र है। वही बात है, "बन जाता सिद्धान्त प्रथम/फिर पुष्टि हुआ करती है।" डॉ. नगेन्द्र ने 'कामायनी' के आमुख में व्यक्त कवि-विचारों का सर्वाधिक इस्तेमाल किया है, लेकिन अपनी शास्त्रीय दृष्टि और व्याख्या के समर्थन अथवा पुष्टि के लिए ही।

स्पष्ट है कि डॉ. नगेन्द्र ने 'कामायनी' के विवेचन में वाजपेयी जी से अधिक विकसित दृष्टि का परिचय नहीं दिया है। वाजपेयी जी के विवेचन में बहुत सी असंगतियाँ थीं, उसमें शास्त्रीयता भी थी; लेकिन वाजपेयी जी की दृष्टि मूलतः छायावादी काव्य-मूल्यों से निर्मित थी। डॉ. नगेन्द्र की दृष्टि शास्त्र से बँधी हुई है। छायावादी काव्य-मूल्यों से निर्मित दृष्टि को शास्त्रीय दृष्टि की अपेक्षा निश्चय ही विकसित किया जाएगा।

छायावाद-युगीन आलोचना क्रमशः पीछे की ओर लौटती है और डॉ. नगेन्द्र तक आकर रीतिवादी-रसवादी-आनन्दवादी प्रतिमानों में निस्तेज हो जाती है। इस युग के आलोचकों में शुक्ल जी की दृष्टि अधिक वस्तुवादी है। शुक्ल जी ने 'कामायनी' की आलोचना दार्शनिक धरातल पर अवश्य की थी, लेकिन उसमें सामाजिक आलोचना के भी तत्त्व थे। श्रद्धा की भावुकता को अच्छा न मानना और इड़ा की बुद्धि को महत्त्व देना उनकी दृष्टि के आधुनिक होने का प्रमाण है। प्रगतिवाद के युग में जो 'कामायनी' की सामाजिक व्याख्या हुई, शुक्ल जी की आलोचना-परम्परा का विकास है।

सन्दर्भ

1. देखें, नामवर सिंह, इतिहास और आलोचना (सं. 1978), पृ. 101
2. जयशंकर प्रसाद, कामायनी, (छात्र सं. 1980), पृ. 01
3. वही, पृ. 02
4. वही,
5. वही, पृ. 05
6. वही, पृ. 01
7. वही, पृ. 05

8. वही,
9. वही, पृ. 02
10. जयशंकर प्रसाद, काव्य और कला तथा अन्य निबन्ध (सं. 1983), पृ. 72
11. कामायनी, पृ. 05
12. आचार्य रामचन्द्र शुक्ल, हिन्दी साहित्य का इतिहास, (सं. संवत् 2035), पृ. 142
13. आचार्य रामचन्द्र शुक्ल, चिन्तामणि, भाग-2, (सं. संवत् 2014), पृ. 142
14. आचार्य रामचन्द्र शुक्ल, हिन्दी साहित्य का इतिहास, पृ. 458
15. वही, पृ. 439
16. वही, पृ. 445
17. वही, पृ. 461
18. वही, पृ. 445
19. वही, पृ. 470
20. रसमीमांसा, (संवत् 2023), पृ. 45
21. वही, पृ. 53
22. वही, पृ. 58
23. जायसी ग्रन्थावली (सं.), (सं. संवत् 2035), पृ. 50-51
24. हिन्दी साहित्य का इतिहास, पृ. 464
25. रामचन्द्र शुक्ल, चिन्तामणि, पहला भाग (संस्करण 1959), पृ. 156
26. वही, पृ. 159
27. आचार्य रामचन्द्र शुक्ल, हिन्दी साहित्य का इतिहास, पृ. 469
28. आचार्य रामचन्द्र शुक्ल, सूरदास (संस्करण 2030 वि.) पृ. 28
29. आचार्य रामचन्द्र शुक्ल, हिन्दी साहित्य का इतिहास, पृ. 464
30. रामविलास शर्मा, आचार्य रामचन्द्र शुक्ल और हिन्दी आलोचना (सं. 1973), पृ. 18
31. आचार्य रामचन्द्र शुक्ल, हिन्दी साहित्य का इतिहास, पृ. 469
32. जयशंकर प्रसाद, काव्य और कला तथा अन्य निबन्ध, पृ. 74
33. आचार्य रामचन्द्र शुक्ल, हिन्दी साहित्य का इतिहास, पृ. 468
34. वही, पृ. 469
35. आचार्य रामचन्द्र शुक्ल, सूरदास, पृ. 16
36. आचार्य रामचन्द्र शुक्ल, हिन्दी साहित्य का इतिहास, पृ. 460
37. वही, पृ. 469
38. वही,
39. आचार्य नन्ददुलारे वाजपेयी, जयशंकर प्रसाद (सं. 1976), पृ. 11
40. वही, पृ. 09

41. आचार्य रामचन्द्र शुक्ल, हिन्दी साहित्य का इतिहास, पृ. 439
42. आचार्य नन्ददुलारे वाजपेयी, हिन्दी साहित्य बीसवीं शताब्दी (सं. 1977), पृ. 101
43. आचार्य नन्ददुलारे वाजपेयी, जयशंकर प्रसाद, पृ. 11
44. आचार्य नन्ददुलारे वाजपेयी, आधुनिक साहित्य (सं. संवत् 2022), पृ. 35
45. आचार्य नन्ददुलारे वाजपेयी, हिन्दी साहित्य : बीसवीं शताब्दी, पृ. 197
46. आचार्य नन्ददुलारे वाजपेयी, जयशंकर प्रसाद, पृ. 09
47. वही, पृ. 31-32
48. वही, पृ. 65
49. वही, भूमिका, पृ. 02
50. आचार्य नन्ददुलारे वाजपेयी, हिन्दी साहित्य : बीसवीं शताब्दी, पृ. 20
51. आचार्य नन्ददुलारे वाजपेयी, जयशंकर प्रसाद, पृ. 64
52. वही, पृ. 67
53. वही, पृ. 56
54. वही, पृ. 75
55. वही, पृ. 70-71
56. वही, पृ. 79
57. वही, पृ. 81
58. वही, पृ. 83
59. वही, पृ. 72
60. वही, पृ. 73
61. मुक्तिबोध, मुक्तिबोध रचनावली, खंड-4, पृ. 233
62. आचार्य नन्ददुलारे वाजपेयी, जयशंकर प्रसाद, पृ. 24
63. वही, पृ. 85
64. मुक्तिबोध, मुक्तिबोध रचनावली, खंड-4, पृ. 339
65. आचार्य नन्ददुलारे वाजपेयी, जयशंकर प्रसाद, पृ. 80
66. वही, पृ. 87
67. आचार्य रामचन्द्र शुक्ल, हिन्दी साहित्य का इतिहास, पृ. 468
68. आचार्य रामचन्द्र शुक्ल, चिन्तामणि, पहला भाग, पृ. 156-57
69. आचार्य नन्ददुलारे वाजपेयी, जयशंकर प्रसाद, पृ. 03
70. आचार्य नन्ददुलारे वाजपेयी, रीति और शैली (सं. 1979), पृ. 24
71. आचार्य नन्ददुलारे वाजपेयी, जयशंकर प्रसाद, पृ. 57
72. आचार्य नन्ददुलारे वाजपेयी, रीति और शैली, पृ. 26
73. आचार्य नन्ददुलारे वाजपेयी, जयशंकर प्रसाद, पृ. 96

74. आचार्य नन्ददुलारे वाजपेयी, प्रकीर्णिका, पृ. 155
75. डॉ. नगेन्द्र, कामायनी के अध्ययन की समस्याएँ, पृ. 06
76. वही, पृ. 07
77. वही, पृ. 07
78. वही, पृ. 08
79. वही, पृ. 10
80. वही, पृ. 11
81. वही,
82. वही, पृ. 17
83. वही, पृ. 51
84. वही, पृ. 23
85. वही, पृ. 43
86. वही, पृ. 52
87. डॉ. नगेन्द्र, आधुनिक हिन्दी नाटक (सं. 1970), पृ. 56
88. डॉ. नगेन्द्र, आस्था के चरण (सं. 1969), पृ. 82
89. डॉ. नगेन्द्र, साकेत : एक अध्ययन, पृ. 222
90. वही, पृ. 64
91. डॉ. नगेन्द्र, आधुनिक हिन्दी नाटक, पृ. 56-57

प्रगतिवादी आलोचना और कामायनी

1936 में 'प्रगतिशील लेखक संघ' की स्थापना हुई थी। प्रसाद की 'कामायनी', निराला की श्रेष्ठ छायावादी कविताओं—'सरोज स्मृति', 'राम की शक्ति-पूजा' और 'तुलसीदास' के लेखन-प्रकाशन का काल लगभग यही है। आलोचना के क्षेत्र में चौथे दशक की कोई उल्लेखनीय घटना हो सकती है तो वह यह है कि इसी अवधि में आचार्य रामचन्द्र शुक्ल की छायावाद सम्बन्धी मान्यताओं में परिवर्तन और थोड़ी उदारता आई, और इस तरह सन् '40 में 'हिन्दी साहित्य का इतिहास' का संशोधित संस्करण प्रकाशित हुआ।

रचना के क्षेत्र में छायावाद और प्रेमचन्द तथा आलोचना के क्षेत्र में आचार्य शुक्ल, प्रगतिवाद की सबसे निकट की परम्परा थे—काल की दृष्टि से ही नहीं, रचनाशीलता और चिन्तन की दृष्टि से भी। इनकी उपलब्धियों को अस्वीकृत करके प्रगतिवादी रचना और आलोचना का विकास असम्भव था। हालाँकि प्रारम्भ में प्रगतिवादियों का इनके प्रति नकारात्मक रुख रहा था। 'प्रगतिशील लेखक संघ' के लखनऊ अधिवेशन के घोषणापत्र (अप्रैल, 1936) में समस्त भारतीय साहित्य को प्रतिक्रियावादी घोषित करते हुए लिखा गया था, "भारतीय साहित्य की विशेषता यह रही है कि वह जीवन की यथार्थताओं से भागता है और वास्तविकता से मुँह मोड़कर भक्ति और उपासना की शरण में जा छिपा है। नतीजा यह हुआ है कि

वह निस्तेज और निष्प्राण हो गया है, रूप में भी, अर्थ में भी और आज हमारे साहित्य ने विचार और बुद्धि का एक प्रकार से बहिष्कार कर दिया है।"[1] भारतीय साहित्य की परम्परा के प्रति यह रुख 1938 के घोषणापत्र में भी बरकरार रहा। मार्च सन् '37 के 'विशाल भारत' में शिवदान सिंह चौहान का एक लेख छपा था—'भारत में प्रगतिशील साहित्य की आवश्यकता'। उक्त लेख में लेखक ने भारतीय साहित्य के समस्त विकास को नकारते हुए छायावाद को सर्वाधिक प्रतिक्रियावादी घोषित किया था, "इस छायावाद की धारा ने हिन्दी साहित्य को जितना धक्का पहुँचाया, उतना शायद ही हिन्दू महासभा या मुस्लिम लीग ने भारत को पहुँचाया हो।"[2] आगे चलकर 'प्रगतिशील लेखक संघ' का परम्परा के प्रति दृष्टिकोण अवश्य बदला, लेकिन संकीर्णतावादी दृष्टिकोण के प्रगतिवादियों की भी कमी नहीं रही, जो तुलसीदास को ब्राह्मणवादी और सामन्तों के जूठन बीननेवाले कहते थे, छायावाद को यथार्थ-विरोधी और पलायनवादी मानते थे और शुक्ल जी पर एकांगी समाजशास्त्रीय होने का आरोप लगाते थे।

प्रगतिशील लेखक संघ में इन संकीर्णताओं से भिन्न और नेतृत्वकारी धारा, अपनी साहित्यिक परम्पराओं, विरासत और संस्कृति के प्रति द्वंद्वात्मक समझ रखनेवाले लोगों की, विकसित हुई। इस धारा के प्रतिनिधि आलोचक रामविलास शर्मा ने प्रगतिवाद के लिए परम्परा का महत्त्व स्थापित करते हुए लिखा है, "प्रगतिशील साहित्य जनता की तरफदारी करनेवाला साहित्य है, इसलिए वह उसकी जातीय विरासत, उसकी साहित्यिक परम्पराओं की रक्षा करने के लिए भी लड़ता है। साम्राज्यवाद न सिर्फ जनता की स्वाधीनता का अपहरण करता है, उसके जनवादी अधिकारों को कुचलता है बल्कि उसकी जातीय संस्कृति, उसके राष्ट्रीय अभिमान, उसके पूर्व पुरुषों के अर्जित ज्ञान को भी झुठलाता है और दबाता है। इसलिए जनता की जातीय संस्कृति की रक्षा और विकास के लिए संघर्ष उसकी स्वाधीनता और जनवादी अधिकारों के लिए संघर्ष का अभिन्न अंग है।"[3] रामविलास शर्मा ने भक्तिकाल से लेकर छायावाद तक के साहित्य का मूल्यांकन प्रस्तुत करते हुए दिखाया है कि छायावाद प्रगतिशील साहित्य की परम्परा का अभिन्न अंग है, उसमें विद्रोह और पलायन का अन्तर्विरोध अवश्य है, लेकिन उसका मूल चरित्र साम्राज्य-विरोधी, सामन्त-विरोधी और मानवतावादी

है। "उसमें पराजय और पलायन की भावनाएँ हैं, तो विजय, मानव-मात्र के प्रति सहानुभूति के स्वर भी हैं।"[4]

रामविलास शर्मा के अतिरिक्त जिन लोगों ने हिन्दी साहित्य की परम्परा और छायावाद के द्वंद्वात्मक मूल्यांकन के प्रयास किए हैं, उनमें मुक्तिबोध और नामवर सिंह मुख्य हैं। मुक्तिबोध कवि-आलोचक हैं और उनका सम्बन्ध 'नई कविता' की प्रगतिशील धारा से रहा है। उनके आलोचनात्मक निबन्धों में परम्परा अथवा छायावाद का मूल्यांकन नई कविता की रचनाशीलता के सवालों से जुड़कर हुआ है। मुक्तिबोध ने छायावाद पर 'कामायनी : एक पुनर्विचार' में यत्किंचित विस्तार से लिखा है। इस कृति में अपने युग के साहित्य और समाज की समस्याओं को ध्यान में रखकर ही छायावाद और 'कामायनी' पर विचार किया गया है। इसमें छायावाद और 'कामायनी' की असंगतियों व उपलब्धियों का विचारोत्तेजक मूल्यांकन हुआ है। मुक्तिबोध की आलोचना की यह विशेषता रही है कि उसमें परम्परा वर्तमान का प्रतिमान नहीं बनी है, वह वर्तमान के लिए इतिहास के सबक के रूप में आई है और उससे नई रचनाशीलता की समस्याओं पर, उसके अन्तर्विरोधों पर यथेष्ट प्रकाश पड़ा है।

नामवर सिंह ने छायावाद को 'आधुनिक सांस्कृतिक जागरण का चरमोत्कर्ष' माना है और उसकी विभिन्न प्रवृत्तियों का सामाजिक व साहित्यिक अध्ययन प्रस्तुत किया है। उन्होंने लिखा है, "जिस प्रकार बारहवीं-तेरहवीं सदी में शुरू होनेवाले मध्ययुगीन सांस्कृतिक पुनरुत्थान का चरमोत्कर्ष सोलहवीं सदी के भक्ति-काव्यों में हुआ, उसी प्रकार उन्नीसवीं सदी में शुरू होनेवाले आधुनिक सांस्कृतिक जागरण का चरमोत्कर्ष बीसवीं सदी के छायावादी काव्य तथा प्रेमचन्द के उपन्यासों में हुआ। हिन्दी साहित्य में छायावादी कविता का ऐतिहासिक महत्त्व होने के साथ ही शाश्वत मूल्य है। छायावाद में अनुभूति अपेक्षाकृत कम और कल्पना-वैभव अधिक है। इसलिए वह भक्ति-काव्य के बराबर नहीं आता; फिर भी उसमें मानव-हृदय को रस मग्न करने और शक्ति देने योग्य स्थायी गुण बहुत से हैं।"[5]

रामविलास शर्मा ने छायावाद में सामन्त-विरोधी, साम्राज्य-विरोधी चेतना को उसकी प्रमुख विशेषता माना और इसी दृष्टि से उसे हिन्दी नवजागरण (रामविलास शर्मा द्वारा स्थापित धारणा) के सबसे विकसित चरण के रूप में स्थापित किया।

छायावादी कवियों में, निराला में सामन्त-विरोधी, साम्राज्य-विरोधी चेतना सबसे प्रबल थी। इसलिए रामविलास शर्मा ने निराला को सबसे अधिक महत्त्व दिया। मुक्तिबोध ने किसी रचना के मूल्यांकन में उसकी ऐतिहासिक चेतना को सर्वाधिक महत्त्वपूर्ण माना। उनके लिए महत्त्व की बात यह हुई कि एक रचना किसी कालखंड की वास्तविकताओं को कितनी सचाई के साथ और प्रभावशाली ढंग से व्यक्त कर सकी है और उसमें उपस्थित रचनाकार का दार्शनिक चिन्तन उन वास्तविकताओं की कितनी संगति में है, वह कवि-संवेदना के अंग के रूप में आया है या नहीं और वह अपने अन्तिम निष्कर्षों में क्या है। उनकी इसी आलोचना-दृष्टि के अनुरूप, उन्हें आधुनिक हिन्दी काव्य में 'कामायनी' सर्वाधिक महत्त्वपूर्ण प्रतीत हुई और वह लगभग बीस-पच्चीस वर्षों तक उनकी चिन्ता के मुख्य विषयों में से एक रही। नामवर सिंह ने किसी एक कवि को अपनी आलोचना का केन्द्रीय विषय बनाने के बजाय छायावाद के विभिन्न पक्षों और प्रवृत्तियों को अपने अध्ययन का विषय बनाया है। लेकिन देखा जाए तो उनके अध्ययन में, छायावाद के अन्य कवियों की तुलना में, निराला को अधिक महत्त्व प्राप्त हुआ है। नामवर सिंह 'कामायनी' को छायावाद की सर्वश्रेष्ठ कृति मानते हैं, लेकिन उनका यह भी कहना है कि निराला की 'यमुना के प्रति', 'राम की शक्ति-पूजा', 'सरोज स्मृति' और 'तुलसीदास' जैसे बिखरे प्रयत्नों को एकत्र कर दिया जाए तो वे 'कामायनी' से श्रेष्ठ सिद्ध होंगी।[6]

प्रसाद और 'कामायनी' पर नामवर सिंह के दो स्वतंत्र निबन्ध भी हैं—'प्रसाद की काव्य भाषा' (1953) और 'कामायनी के प्रतीक'। प्रसाद पर रामविलास शर्मा के भी स्वतंत्र निबन्धों की संख्या यही है। उनके दोनों निबन्धों के शीर्षक हैं : 'साहित्य में लोकजीवन की प्रतिष्ठा और जयशंकर प्रसाद' (1954) तथा 'प्रसाद' (1960)। रामविलास शर्मा की पुस्तक 'निराला की साहित्य साधना' खंड-2 (1972) के 'उपसंहार' में भी प्रसाद साहित्य का आकलन हुआ है।

सभी दृष्टियों से, 'कामायनी' पर अधिक महत्त्वपूर्ण काम मुक्तिबोध का है। 'कामायनी' पर मुक्तिबोध का चिन्तन लेखन पाँचवें दशक से ही शुरू हो गया था, जो 1961 में 'कामायनी : एक पुनर्विचार' के रूप में सामने आया। मुक्तिबोध का 'कामायनी' सम्बन्धी प्रारम्भिक अध्ययन सर्वप्रथम 'कामायनी : कुछ नये विचार' शीर्षक से 'हंस' नवम्बर '45 और जनवरी-फरवरी '46 में क्रमश: छपा था। 1950

में उनकी 'कामायनी एक अध्ययन' शीर्षक से एक छोटी सी पुस्तिका मुद्रित हुई थी, जो कि किन्हीं कारणों से प्रकाश में नहीं आ सकी। इसके बाद अक्टूबर '52 की आलोचना में उनका 'कामायनी' शीर्षक से एक लेख छपा था। 'कामायनी : एक पुनर्विचार' में इन सबका विकास और विस्तार दिखाई देता है।

नामवर सिंह ने 'कविता के नये प्रतिमान' (1969) के 'पुनर्मूल्यांकन का एक उदाहरण : कामायनी' शीर्षक निबन्ध में रामस्वरूप चतुर्वेदी की पुस्तक 'कामायनी का पुनर्मूल्यांकन' के बहाने मुक्तिबोध के 'कामायनी' सम्बन्धी विचारों के महत्त्व को स्थापित किया है। वहीं रामविलास शर्मा ने 'निराला की साहित्य-साधना' खंड-2 और 'नई कविता और अस्तित्ववाद' में मुक्तिबोध के 'कामायनी' सम्बन्धी विचारों की असंगतियों का जायजा लिया है।

मुक्तिबोध और कामायनी

मुक्तिबोध साहित्य में दार्शनिक तत्त्व को अनिवार्य मानते हैं। चूँकि साहित्यकार एक चेतना सम्पन्न संवेदनशील प्राणी होता है, इसलिए जीवन-जगत के प्रति उसकी संवेदनात्मक और ज्ञानात्मक प्रतिक्रियाओं में कोई-न-कोई मूल्य अथवा दार्शनिक विचारधारा, चाहे वह परम्परा से प्राप्त हुई हो अथवा नवीन परिस्थितियों की उपलब्धि के रूप में, अवश्य होती है, जो साहित्य में प्रत्यक्ष या अप्रत्यक्ष रूप से, लेखक के जाने-अनजाने, उसके चाहे-अनचाहे, प्रकट होती है।[7] मुक्तिबोध ने रचनाकार के लिए दार्शनिक विचारधारा की आवश्यकता पर बल देते हुए लिखा है : "दार्शनिक विचारधारा लेखक की एक निजी आवश्यकता होती है। पर दार्शनिक विचारधारा कितनी दार्शनिक है, अथवा वह कितनी व्यवस्थाबद्ध है, वह कितनी सत्याधारित है, यह एक भिन्न प्रश्न है। महत्त्व की बात (लेखक के लिए) इतनी ही है कि वह अन्त:करण स्थित जीवन-ज्ञान-व्यवस्था को व्यापक दृष्टिकोण से व्याख्यायित करती है।"[8]

कहने की आवश्यकता नहीं, मुक्तिबोध ने कवि की भावना और उसके दर्शन में कोई विरोध नहीं माना है; हाँ, यह अवश्य स्वीकार किया है कि काव्य में दर्शन के प्रकट होने के—आरोपित या स्वाभाविक—अनेक तरीके हो सकते हैं। उन्होंने

'कामायनी' और 'उर्वशी' की दार्शनिक प्रकृति को आधार बनाकर लिखा है, "दर्शन की कुछ स्थापनाएँ कवि अपनी मूल भावधारा में अनायास ग्रहण कर लेता है। इस प्रकार वह कवि के आभ्यन्तर संवेदनात्मक ज्ञान का अंग बन जाती है। अथवा, यह भी होता है कि जीवन-समस्याओं का काव्यात्मक चित्रण करते हुए, लेखक अनायास उन समस्याओं के निराकरण का मार्ग बनाता है—यह निराकरण का मार्ग ही उसका दर्शन है। ('कामायनी' में ऐसा हुआ है)। यह भी सम्भव है कि अपनी किसी विशेष प्रवृत्ति की औचित्य-स्थापना के लिए लेखक दर्शन का सहारा ले (जैसा कि 'उर्वशी' में हुआ है)। यह भी सम्भव है कि कोई दर्शन कवि को विशाल विश्व-स्वप्न प्रदान करे, और वह विश्व-स्वप्न, उसकी अनुभूति का अंग बन जाए। इस प्रकार का दर्शन कवि की भावना का नेत्र बन जाता है।"[9]

मुक्तिबोध ने 'कामायनी' की काव्यात्मकता के महत्त्व को स्वीकार करते हुए उसके दर्शन के बारे में लिखा है, "उसका दर्शन जीवन-समस्याओं पर अनवरत चिन्तन के फलस्वरूप है। अतएव वह जीवन-समस्याओं के निराकरण के रूप में प्रस्तुत हुआ है। उस दर्शन में, उस दर्शन के चित्रण में, कोई दोष नहीं है। उसमें आडम्बर नहीं है। उसमें दार्शनिक दंभ नहीं है। और बहुत से स्थानों पर आधुनिक समस्या की मूल विशेषताओं पर कठोर और प्रखर काव्यात्मक आक्रमण है। संक्षेप में, प्रसाद जी की दार्शनिक अनुभूति उनकी भावना के नेत्र हैं।"[10]

मुक्तिबोध खुद एक दार्शनिक कवि थे और प्रसाद उनके पहले के बड़े दार्शनिक कवि रहे हैं। इसलिए इस बात में सत्यांश है कि इस दर्शन-तत्त्व के कारण मुक्तिबोध 'कामायनी' की तरफ आकर्षित हुए। लेकिन वे प्रसाद के दर्शन से, उनके द्वारा प्रस्तुत दार्शनिक निराकरण से, सहमत नहीं थे और न ही उनका उद्देश्य 'कामायनी' की दार्शनिक व्याख्या रहा है (वे इस प्रकार की व्याख्या को अपर्याप्त और असंगत मानते थे)।

मुक्तिबोध ने 'कामायनी' की व्याख्या एक फैंटेसी-काव्य के रूप में की है। मुक्तिबोध स्वयं भी फैंटेसी के कुशल कवि हैं। इसलिए माना जा सकता है कि 'कामायनी' पर मुक्तिबोध के दीर्घ चिन्तन के पीछे उनकी अपनी रचना-दृष्टि का योग रहा है। लेकिन रचना-प्रवृत्तियों की कुछ समानताओं के आधार पर यह निष्कर्ष निकालना गलत होगा कि मुक्तिबोध 'कामायनी' के दार्शनिक और फैंटेसीपरक

होने के कारण ही उसके मूल्यांकन में प्रवृत्त हुए। निश्चय ही ऐसे निष्कर्षों से 'कामायनी' पर पुनर्विचार की ऐतिहासिक आवश्यकता पर पर्दा पड़ सकता है।

पिछले अध्याय में दिखाया जा चुका है कि मुक्तिबोध से पहले 'कामायनी' की आलोचना दार्शनिक-मनोवैज्ञानिक भूमि पर होती रही है। 'हंस' नवम्बर '45 में प्रकाशित लेख 'कामायनी : कुछ नये विचार' में मुक्तिबोध ने इस प्रकार की आलोचना का विरोध किया था :

> प्रसाद जी की 'कामायनी' की जितनी आलोचनाएँ हुई हैं, वे श्रद्धापूर्ण हैं। वे उनके मनोवैज्ञानिक दर्शन-आलोचन तथा रहस्य-दर्शन तक ही सीमित हैं, परन्तु उनका सामाजिक आधार खोजने का प्रयत्न नहीं किया गया। प्रसाद जैसे श्रेष्ठ कवि की आलोचनाओं की अपूर्णता आलोचकों के प्रति एक अभियोग है।[11]

मुक्तिबोध ने 'कामायनी' के रहस्यवादी-मनोवैज्ञानिक अभिप्रायों से इनकार नहीं किया है। उनका मानना केवल इतना है कि 'कामायनी' का 'आध्यात्मिक मनोवैज्ञानिक भाववादी रहस्यवाद' आरोपित निष्कर्ष है, काव्य का मूल विषय नहीं। यह निष्कर्ष 'कामायनी' काव्य में है और 'कामायनी' की भूमिका में भी। 'कामायनी' की भूमिका (आमुख) ने, मुक्तिबोध के अनुसार, उसके भाववादी अर्थों को बढ़ावा दिया है (इसे मुक्तिबोध ने प्रसाद का अक्षम्य अपराध माना है)। कवि-मत को उसकी कविता के मूल्यांकन का एकमात्र और विश्वसनीय आधार नहीं माना जा सकता—"कवि जो कुछ कहता है वह सत्य ही है, यह सोचना हमारी अन्धता है।"[12] मुक्तिबोध की शिकायत प्रसाद से अधिक छायावादी आलोचकों से है, जिन्होंने प्रसाद-मत को परम माना और 'कामायनी' की ऐतिहासिक-सामाजिक शक्तियों को नजरअन्दाज कर दिया। 'नई समीक्षा का आधार' निबन्ध में मुक्तिबोध ने ऐसे आलोचकों के लिए लिखा है :

> छायावाद की आलोचना करनेवाले हमारे महान आलोचक छायावाद के निस्सहाय बच्चे हैं। प्रसाद ने 'नारी तुम केवल श्रद्धा हो, विश्वास-रजत-नग-पगतल में' कहा तो आलोचकों ने नारी का कैसा-कैसा आदर्शीकरण

> नहीं किया! वास्तविक नारी और समाज में उसके व्यक्तित्व की गरिमा की स्थापना के लिए सामाजिक संघर्ष आदि समस्त बातें छूट गईं। छायावादी आलोचक छायावाद के कल्पना-स्वप्नों के उसके भटकाव भरे मार्ग पर ही चले। छायावादी सम्मोह और उसके अद्वैतवादी प्रयास साहित्यिक आलोचना के मानदंड नहीं हैं। इन सम्मोहों, कल्पना-स्वप्नों का विवरण, विश्लेषण नहीं है।[13]

मुक्तिबोध के सामने छायावादी आलोचना के प्रतिनिधि के रूप में आचार्य नन्ददुलारे वाजपेयी थे। वाजपेयी जी ने 'कामायनी' की आलोचना के माध्यम से रहस्यवादी-मनोवैज्ञानिक यथार्थवाद के सिद्धान्त की स्थापना की थी, जिसमें यथार्थ-चित्रण के लिए 'प्रवृत्ति और निवृत्ति', 'भले और बुरे' के भेद को अनावश्यक माना गया था, उनके द्वंद्वों का 'एक नित्य सत्ता में' समाहार की बात कही गई थी। प्रसाद ने मनु और श्रद्धा को क्रमशः मन अथवा मनन और हृदय का प्रतीक माना था, वाजपेयी जी ने उन्हें सभ्यता, इतिहास और परम्परा के आवरणों से मुक्त बताते हुए शाश्वत नर और नारी के प्रतीकों में बदल दिया।

समग्र रूप से, छायावादी आलोचना का मुख्य उद्देश्य था, 'कामायनी' को, उसमें अभिव्यक्त समसामयिक यथार्थ, उसके सामाजिक अभिप्राय और उसकी ऐतिहासिक शक्ति से काटकर देखना। यह 'कामायनी' के साथ तो अन्याय था ही, नई प्रगतिवादी शक्तियों के विरुद्ध उसका दुरुपयोग भी था। इसे लक्षित करते हुए मुक्तिबोध ने लिखा है, "प्रसाद जी की 'कामायनी' साहित्य के रसवादी-छायावादी पुराणपंथियों के हाथ में नवीन प्रगति-शक्तियों के विरुद्ध एक अस्त्र बन गई।...भाववादी आलोचकों ने प्रसाद जी से भी आगे बढ़कर 'कामायनी' का रहस्यवादी मनोवैज्ञानिक अर्थ जगाया और उसके उपयोगी तत्त्वों को प्रच्छन्न कर दिया।"[14]

'कामायनी' के मूल्यांकन के पीछे मुक्तिबोध का उद्देश्य न केवल साहित्य के रसवादी-छायावादी पुराणपंथियों का सामना करना था (यह कार्य तो उन्होंने घोषित रूप से किया ही), बल्कि उसके माध्यम से नई कविता के पतनशील मूल्यों की आलोचना भी थी। वे जब 'कामायनी' के व्यक्तिवाद और रहस्यवाद की

आलोचना कर रहे थे तो उनके सामने 'नई कविता' की यही प्रवृत्तियाँ मौजूद थीं।

'कामायनी' के प्रति प्रगतिशील आलोचक भी कम पूर्वग्रह-ग्रस्त और भ्रम के शिकार न थे। एक प्रकार के आलोचक को 'कामायनी' के सन्दर्भ में आचार्य शुक्ल का यह कथन याद आ रहा था, "वर्गहीन समाज की साम्यवादी पुकार की भी दबी-सी गूँज दो-तीन जगह है।" दूसरे प्रकार के आलोचक का मानना था कि 'कामायनी' 'काव्य की दृष्टि से घटिया कृति है', इसमें केवल दर्शन है।

मुक्तिबोध का सामना प्रगतिशील आलोचना की इन दो अतिवादी दृष्टियों से भी था। वस्तुतः मुक्तिबोध के समय में 'कामायनी' को देखने-परखने की पूरी प्रक्रिया ही विपरीत रही थी। इसी तथ्य को ध्यान में रखकर मुक्तिबोध ने लिखा है, "'कामायनी' में जिस विश्व-दृष्टि को प्रस्तुत किया गया है, जिन जीवन-मूल्यों की वकालत की गई है, और साथ ही जिस वास्तविकता को अंकित किया गया है, उसका विश्लेषण एक ऐसा कर्तव्य है जिसे किये बिना 'कामायनी' की निन्दा या प्रशंसा तो की जा सकती है, लेकिन उसे ठीक तरह समझा नहीं जा सकता।"[15]

'कामायनी : एक पुनर्विचार' में 'कामायनी' का विश्लेषण फैंटेसी काव्य के रूप में किया गया है। इससे पहले 'कामायनी' को रूपक (एलिगरी) कहने का चलन था। रूपक शैली में प्रत्यक्ष अर्थ के अतिरिक्त एक और (अप्रस्तुत) अर्थ का अस्तित्व होता है, जिसकी व्यंजना, प्रतीक रूप में, मुख्यतः भाषा के माध्यम से होती है। डॉ. नगेन्द्र के शब्दों में, "कथा-रूपक में एक कथा का दूसरी पर अभेद आरोप होता है। प्रस्तुत कथा स्थूल, भौतिकी घटनामयी होती है और अप्रस्तुत कथा सूक्ष्म-सैद्धान्तिक होती है। यह सैद्धान्तिक या दार्शनिक, नैतिक, राजनीतिक, सामाजिक, वैज्ञानिक, मनोवैज्ञानिक आदि किसी प्रकार की हो सकती है, परन्तु इसका अस्तित्व मूर्त नहीं होता। वह प्रायः कथा का अन्य अर्थ ही होता है जो उससे ध्वनित होता है; किसी प्रबन्ध-काव्य की प्रासंगिक कथा की भाँति जुड़ा हुआ नहीं होता।"[16] प्रसाद और उनके आलोचकों की दृष्टि में 'कामायनी' की कथा का प्रस्तुत पक्ष ऐतिहासिक है और अप्रस्तुत पक्ष मनोवैज्ञानिक और दार्शनिक। लेकिन 'कामायनी' में आद्यंत कथा के दो स्तर हैं अथवा इसके चरित्र रूपक की

भावना के अनुरूप विकसित हुए हैं, इसे सिद्ध करने में आलोचकों को अक्सर कठिनाई का सामना करना पड़ा है; उन्हें मानना पड़ा है कि 'कामायनी' की कथा का विकास असंगतियों से भरा हुआ है। वस्तुतः उनमें से अधिकांश असंगतियाँ 'कामायनी' को रूपक मानने और इसके चरित्रों पर मनोवैज्ञानिक प्रतीकों के आरोपित करने से पैदा हुई हैं।

मुक्तिबोध पहले आलोचक हैं जिन्होंने कहा, "'कामायनी' की कथा केवल एक फैंटेसी है।"[17] मुक्तिबोध के द्वारा 'कामायनी' का फैंटेसी के रूप में विश्लेषण से उन अधिकांश असंगतियों का परिहार हुआ है, जो इसके रूपक मानने के कारण प्रतीत होती थीं। मुक्तिबोध ने दिखाया है कि 'कामायनी' की आधार-कथा और वर्णित घटनाओं के बीच तथा पात्रों के चरित्र और उनके कार्यों अथवा वक्तव्यों के बीच, जो असंगतियाँ हैं, वे इसकी कथा के फैंटेसी होने के कारण हैं। वस्तुतः असंगतियाँ फैंटेसी की अन्य विशेषताओं की तरह एक विशेषता है।

फैंटेसी मूलतः एक मनोवैज्ञानिक क्रिया है। इसका सम्बन्ध स्वप्नों और दिवास्वप्नों में निर्मित बिम्बावलियों से है। वे बिम्बावलियाँ प्रायः सुनिश्चित और तर्कसंगत नहीं होतीं, हालाँकि वे ऐसा हो भी सकती हैं। फैंटेसी के कल्पना-बिम्बों में वास्तविक जीवन से कुछ सादृश्य होते हैं, और साथ ही, बहुत अधिक भिन्नता होती हैं; ये वस्तुतः सृजनहार की भावना और इच्छा के अनुरूप निर्मित होते हैं। फैंटेसी का सृजनहार अपनी ही भावनाओं और इच्छाओं को मूर्त रूप देता है, अपनी इच्छाओं की पूर्ति के लिए एक अनोखे लोक की रचना करता है। उस लोक का उसकी वास्तविक जिन्दगी के तथ्यों से सम्बन्ध होता है, निश्चय ही वह एक विशेष प्रकार का सम्बन्ध होता है। उसमें असन्तोषजनक यथार्थ का परिष्कार इंगित होता है।

कलात्मक उद्योग के रूप में रचित फैंटेसी में ये विशेषताएँ परिष्कृत और उदात्त रूप में उपस्थित होती हैं। फैंटेसी कवि के अनुभूत संसार अथवा उसके परिवेश का, (कवि द्वारा) कल्पना की प्रेरणा के सहारे या कहें चित्रात्मक पद्धति से, एक भिन्न लोक और काल में विस्थापित (शिफ्ट) कर देने की कला है। यह कवि के स्वयं का इच्छित लोक होता है। फैंटेसी में कवि-कल्पना कवि के स्वयं

की वृत्तियों का, उसकी अनुभूतियों का, उसके जीवन-निष्कर्षों का मूर्ति-विधान करती है। अर्थात् एक तरफ कवि-भावनाओं और इच्छाओं की कल्पनात्मक प्रेरणा से फैंटेसी फलीभूत होती है, दूसरी तरफ कवि-भावना अथवा कवि-विचार, फैंटेसी के अन्तर्गत, उसके अंग के रूप में, परिभाषित होते हैं। तीसरी बात यह कि कलात्मक प्रयासों से रचित इस मायामूलक संसार (फैंटेसी) का वास्तविक संसार से एक निश्चित और विशेष प्रकार का सम्बन्ध बना रहता है। काडवेल ने इसी तथ्य की ओर संकेत करते हुए लिखा है, "कविता कवि की प्रवृत्तियों और अनुभवों के बीच के अन्तर्विरोधों से फूटती है। यह तनाव उसे एक ऐसी मायामूलक फैंटेसी के संसार की रचना के लिए प्रेरित करता है, जिसका उस वास्तविक विश्व से एक निश्चित और प्रयोजनमूलक सम्बन्ध अब भी बना रहता है, जिसकी वह उपज है।"[18]

मुक्तिबोध की 'कामायनी : एक पुनर्विचार' काडवेल के इस कथन की व्यावहारिक स्वीकृति है।

मुक्तिबोध ने लिखा है, "कलाकृति स्वानुभूत जीवन की कल्पना द्वारा पुनर्रचना है।"[19] उनके इस कथन से वास्तविक जीवन (अथवा स्वानुभूत जीवन, जो कह लीजिए) और रचना में उपस्थित जीवन के बीच एक विशेष अलगाव (गैप) का बोध होता है। यानी कलाकृति सारतः वास्तविक जीवन से एक होते हुए भी उसकी अनुकृति नहीं होती। यथार्थवादी से यथार्थवादी कला वास्तविक जीवन की रू-ब-रू नकल (कार्बन) नहीं होती है; यदि वह वैसी होती है तो कला नहीं होती है। फैंटेसी का तो शिल्प ही ऐसा होता है कि उसमें जीवन एक भिन्न ही स्वरूप लिये प्रकट होता है। इसी कारण उसके मूल सम्बन्ध-सूत्रों को पकड़ने में कठिनाई होती है। यहाँ तक कि उसे आलोचकों का एक समुदाय निरपेक्ष पुनर्रचना मान लेता है। वैसे, आलोचकों का वह समुदाय यह कार्य यथार्थवादी कला के साथ भी कर सकता है, करता है। यह एक भिन्न प्रश्न है।

वस्तुतः फैंटेसी में पुनर्रचित जीवन, स्वरूपतः भिन्न होते हुए भी, वास्तविक जीवन की विशेषताओं को छोड़ता नहीं है, बल्कि उन्हें एक आकर्षक कैनवस में बाँधता है और वास्तविक जीवन से उठे प्रश्नों की भयावहता को कम करता है। मुक्तिबोध के शब्दों में, "फैंटेसी के उपयोग से एक साथ दो उद्देश्यों की

पूर्ति होती है। एक तो यह है कि उसके द्वारा जीवन-तथ्यों तथा निष्कर्षों को एक कैनवस तथा वस्तु-रूपता मिल जाती है, तो दूसरी ओर, उनकी आधुनिक सप्रश्नता के अस्तित्व को कल्पना के रबर से मिटाने का प्रयास किया जाता है।"[20] फैंटेसी की इस विशेषता को समझे बिना साहित्य के वास्तविक स्रोत तो अनदेखे रह ही जाते हैं, उसके कलात्मक प्रभाव की भी सही व्याख्या नहीं हो पाती। और मुक्तिबोध की आलोचना के सूत्र ही हैं कि साहित्य "किन स्रोतों से उद्‌गत होता है, अर्थात् किन वास्तविकताओं के परिणामस्वरूप वह साहित्य उत्पन्न हुआ है। दूसरे, उसका कलात्मक प्रभाव क्या है; और तीसरे उसकी अन्त:प्रकृति, रूप-रचना कैसी है। इस तीसरे प्रश्न को बिना पहले प्रश्न से मिलाये, हम दूसरे सवाल का जवाब नहीं दे सकते।"[21]

मुक्तिबोध ने 'कामायनी' की फैंटेसीपरकता को उद्घाटित करते हुए लिखा है : "जिस प्रकार एक फैंटेसी में मन की निगूढ़ वृत्तियों का, अनुभूत जीवन-समस्याओं का, इच्छित विश्वासों और इच्छित जीवन-स्थितियों का, प्रक्षेप होता है, उसी प्रकार 'कामायनी' में भी हुआ है।"[22] 'कामायनी' में कवि के मन की वृत्तियाँ मनु के चरित्र के रूप में प्रकाशित हुई हैं, इच्छित विश्वासों का चित्रण श्रद्धा के रूप में हुआ है और इच्छित जीवन-स्थितियाँ मनु को आनन्द की अनुभूति कराने में या कहें समरसता के सिद्धान्त की स्थापना में।

मनु, मुक्तिबोध की दृष्टि में, प्रसाद का अपना मनोविज्ञान है। उन्होंने लिखा है, "प्रसाद जी के अन्त:करण में जो एक जीवित और जीवन्त, छटपटाती हुई, दुखती हुई ग्रंथि है—वह अभ्यान्तर ग्रंथि, अपने पूरे दुख, अपने सम्पूर्ण ज्ञान, अपने पूरे आवेग और अपने सम्पूर्ण मान, और मान के उलझाव के साथ 'कामायनी' में प्रकट हुई है। इस अभ्यान्तर ग्रंथि का प्रतिनिधित्व करनेवाला पात्र है मनु।"[23] मुक्तिबोध के पहले मनु को मानव-मन अथवा मानव-मात्र का प्रतीक माना जाता था। मुक्तिबोध ने इस धारणा का खंडन करते हुए लिखा है, "मनु मानव-मात्र का, मन का, मानव-मात्र के मन का, प्रतीक नहीं, वह केवल उस मन का प्रतीक है जो प्रसाद जी का अपना या उन जैसा मन है।"[24]

मुक्तिबोध ने मनु को प्रसाद के मन का टाइप मानकर 'कामायनी' के अर्थ अथवा प्रयोजन को सीमित नहीं किया है। इससे मनु की ऐतिहासिक-सामाजिक

भूमि संकेतित हुई है, उसके वर्ग और वर्ग-प्रवृत्तियों पर प्रकाश पड़ा है। मुक्तिबोध ने दिखाया है कि मनु, श्रद्धा और इड़ा के माध्यम से जो फैंटेसी रची गई है, वह एक विस्तृत परिप्रेक्ष्य लिये है, उसका सम्बन्ध 'आज' के जमाने से है। मुक्तिबोध ने यह भी कहा है कि 'कामायनी' में इन चरित्रों के माध्यम से महत्तर निष्कर्षों तक पहुँचने की कोशिश की गई है और यही कोशिश इस काव्य को मूल्यवान बनाती है। यह अलग बात है कि मुक्तिबोध उन निष्कर्षों से स्वयं सहमत नहीं हैं। मुक्तिबोध के ही शब्द हैं, "कामायनी में इड़ा, श्रद्धा और मनु को लेकर प्रसाद जी जिन निष्कर्षों पर पहुँचे हैं उनका क्षेत्र बहुत ही व्यापक है। पुरुष, स्त्री, व्यक्ति, समाज, सभ्यता तथा मुक्ति आदि सभी विषय प्रसाद जी की विश्लेषणमयी काव्यानुभूति के भीतर आते हैं—यह बात अलग है कि उनके सामान्यीकरणों से मतभेद रखते हुए, हम उनकी मान्यताओं पर आघात करें, जिसका हमें पूरा अधिकार है। उपर्युक्त प्रश्नों को उठाकर प्रसाद जी ने एक महत्त्वपूर्ण काम किया है। ये प्रश्न चित्रात्मक रूप से उठाये गए हैं। उन्हें मानव-चरित्रात्मक रूप में प्रस्तुत किया गया है। इस प्रकार का प्रयास-मात्र ही कामायनी को मूल्यवान तथा महत्त्वपूर्ण बना देता है।"[25]

'कामायनी' का वास्तविक सन्दर्भ वेदकालीन जीवन नहीं, आधुनिक है। 'कामायनी' ऐतिहासिक महाकाव्य प्रतीत होती है, तो इसके पीछे इसका फैंटेसीपरक होना है। इसमें प्राचीन कथानक का उपयोग परिवेश (कल्पनालोक) के रूप में हुआ है—वह परिवेश आधुनिक जीवन-सन्दर्भ का ही विस्थापित रूप है। प्रसाद ने प्राचीन कथानक को एक विशाल फैंटेसी के रूप में खड़ा किया है और उसके माध्यम से, अपने युग के जीवन-तथ्यों, उन पर स्वयं की प्रतिक्रियाओं और चिन्तन को, उपस्थित किया है। मुक्तिबोध ने लिखा है, "प्रसाद जी ने 'कामायनी' में एक विशाल फैंटेसी के अन्तर्गत स्वानुभूत जीवन-समस्या को एक परिवेश से संलग्न कर उपस्थित किया है, तथा उस जीवन-समस्या का स्व-चिन्तित दार्शनिक निदान प्रस्तुत किया है। यह जीवन-समस्या, फैंटेसी रूप में उपस्थित होकर, फैंटेसी के नियमों से बँधकर, अपने मूल वास्तविक जीवन सन्दर्भ का, अर्थात् अपने मूल वास्तविक मानव-सम्बन्ध क्षेत्र को—जिससे कि वह आवयविक सम्बन्ध रखती है—भूमिगत बना चुकी है—उस क्षेत्र को नेपथ्य में

डालकर ही वह समस्या कल्पना-चित्रों के रूप में उद्घाटित हुई है और कल्पना के गति-नियमों में बँध गई है।"[26]

फैंटेसी आत्मपरक शिल्प है। इसमें यथार्थवादी कला की भाँति वस्तुपक्ष के चित्रण के आधार पर भावपक्ष का उद्घाटन न होकर भावपक्ष का ही मूर्तिविधान होता है। वस्तुपक्ष की मात्र सूचना होती है, वह प्रतीकों में प्रकट होता है। वस्तुतः फैंटेसी में वस्तुपक्ष के अवयवों को काल, स्थान और क्रिया की दृष्टि से एक ऐसा अस्तित्व प्रदान कर दिया जाता है कि उनका वास्तविक जीवन-सन्दर्भ से सम्बन्ध-सूत्र खोजना कठिन हो जाता है। इस तरह, वास्तविकता का संकेत कुछ घटना-प्रतीक और पात्र-प्रतीकों से ही मिल पाता है। वास्तविकता को अधिकतर अनुमान से ही पहचाना जा सकता है। इसलिए फैंटेसी में व्यक्त वास्तविकता की व्याख्या में लेखक और आलोचक दोनों ही के लिए मनमानी करने की छूट बनी रहती है। मुक्तिबोध ने इस खतरे से सावधान करते हुए लिखा है कि "आलोचक का यह कर्तव्य होता है कि वह रचना में व्यक्त यथार्थ को लेखक से भी ज्यादा समझे और उस यथार्थ के सम्बन्ध में लेखक जो कहता है उसे ही प्रामाणिक न मान ले। आलोचक के लिए—लेखक का व्यक्तित्व, यथार्थ प्रस्तुत करने की उसकी पद्धति, तथा उसके तत्सम्बन्धित भाव-विचार, और अन्ततः, वह यथार्थ जिसको प्रस्तुत किया गया है—उन सबका वैज्ञानिक चित्र उपस्थित करते हुए यह देखना जरूरी हो जाता है कि उसके साहित्य के मूल स्रोत क्या हैं, उनकी क्षमताओं का मूल उद्गम क्या है तथा उसकी सीमाएँ किन कारणों से निष्पन्न हुई हैं।"[27]

आलोचना की इसी प्रक्रिया से गुजरते हुए मुक्तिबोध ने प्रतिपादित किया कि प्रसाद ने 'कामायनी' में फैंटेसी के रूप में वर्तमान पूँजीवादी समाज के विकास का, यानी सामन्ती सत्ता के ध्वंस से लेकर पूँजीवाद की विभिन्न अवस्थाओं का, उसकी समस्त प्रवृत्तियों का, उसके सांस्कृतिक-वैचारिक क्षितिज का, और उसके अन्तर्गत की सामाजिक स्थितियों का, प्रतीकात्मक पद्धति से एक छोटा-सा काव्यात्मक इतिहास प्रस्तुत किया है। प्रलय से लेकर सारस्वत नगर के उत्थान तक की कथा, उससे भी आगे सारस्वत नगर की जनता के विद्रोह तक का प्रसंग, इसी विकास अथवा इतिहास का वर्णनात्मक पक्ष है; मनु, श्रद्धा और इड़ा उस विकास के किसी न किसी पहलू—वैचारिक और भावनात्मक—का

प्रतिनिधित्व करते हैं। मुक्तिबोध के अनुसार प्रसाद को वर्तमान पूँजीवादी व्यवस्था की असंगतियों और समस्याओं का वास्तविक ज्ञान था, 'कामायनी' में उन्होंने इन सबका प्रभावशाली उद्घाटन भी किया। लेकिन चूँकि प्रसाद भाववादी-आदर्शवादी विचारक थे, इसलिए उन्होंने, अपनी समझ से, उन समस्याओं का उद्घाटन अथवा चित्रण मनोवैज्ञानिक तथ्यों के रूप में ही किया है। मुक्तिबोध ने लिखा है, "उनका सारा दर्शन आदर्शवादी, रहस्यवादी था। वह ऐतिहासिक, सामाजिक क्षेत्र से सम्बन्ध न रखकर, मनोवैज्ञानिक और आध्यात्मिक क्षेत्र का ही अंग-रूप था। प्रसाद जी की आत्मा ने विचरण किया अतीत और वर्तमान के मानवेतिहासिक क्षेत्र में। इस क्षेत्र की समस्याओं का उन्होंने अनुभव किया। किन्तु हल कौन सा प्राप्त किया? मनोवैज्ञानिक, आध्यात्मिक। प्रसाद जी ने आत्मा में भोगा तो वास्तविक जीवन, खोज की वास्तविक जीवन की, चिन्तन किया वास्तविक जीवन का। किन्तु, निष्कर्ष रूप में, निदान और समाधान के रूप में पाया क्या? आध्यात्मिक-मनोवैज्ञानिक—भाववादी रहस्यवाद।"[28] इसी रहस्यवादी दृष्टिकोण के कारण, एक विशेष कालखंड के भीतर उपस्थित व्यापक वास्तविकता को कल्पना-चित्र द्वारा प्रस्तुत करते हुए भी, वे उस वास्तविकता की वैज्ञानिक व्याख्या नहीं कर सके हैं, साथ ही इसके कारण उनका दृष्टि-क्षेत्र भी सीमित हुआ है। प्रसाद और उनकी 'कामायनी' की यही सीमा है, जिसके कारण, मुक्तिबोध के अनुसार, "हम प्रसाद जी को विश्व के उन महान् उन्नायक कलाकारों के बीच नहीं खड़ा कर सकते, जिन्होंने मानवता के उद्धार के रास्ते पर जनता को अपने साहित्य का सम्बल प्रदान किया।"[29] मुक्तिबोध का मानना है कि "अगर प्रसाद जी चाहते तो वे 'कामायनी' को यह बल प्रदान कर सकते थे, किन्तु वे वास्तविकताओं से अधिक अपनी अमूर्त रहस्यवादी भावधारा के दर्शन में बिंधे रहे। यही 'कामायनी' की सबसे बड़ी ट्रैजिडी है।"[30]

'कामायनी' एक छायावादी प्रगीतात्मक महाकाव्य है। इसमें वस्तुपक्ष बहुत अल्प और गौण है, और जो है वह कवि के विचार-मनोभावों के अधीन। इसमें युगीन प्रवृत्तियों और विचारों की अभिव्यक्ति कवि की आत्माभिव्यक्ति के रूप में हुई है। अर्थात् इसमें उपस्थित वास्तविकता कवि की वैयक्तिक प्रवृत्तियों तथा अनुभूतियों के रंग में रंगी है। इसलिए, मुक्तिबोध का मानना है कि प्रसाद की

प्रवृत्तियों को ध्यान में रखे बगैर काव्य में अभिव्यक्त युगीन वास्तविकता और प्रवृत्तियों का ठीक-ठीक अर्थ नहीं लगाया जा सकता।

मुक्तिबोध ने 'कामायनी' की केन्द्रीय समस्या—मनु-समस्या—को प्रसाद-समस्या माना है (मनु-समस्या 'कामायनी' की केन्द्रीय समस्या है, यह भी मुक्तिबोध की ही अवधारणा है। मनु उस वर्ग का प्रतिनिधि है जिस वर्ग के स्वयं प्रसाद हैं। इस प्रकार, मनु-समस्या प्रसाद के वर्ग की समस्या है।)

मनु, स्वयं प्रसाद की किन्हीं बहुत भीतरी प्रवृत्तियों का प्रतिनिधित्व करता है, वह प्रसाद की एक भीतरी केन्द्रीय समस्या है। मनु-समस्या पर प्रसाद ने अपने भीतर बहुत दिनों तक चिन्तन-मनन किया है। वस्तुतः प्रसाद का चिन्तन ही इस समस्या से उत्पन्न है। मनु में दो वृत्तियाँ प्रधान हैं—प्रभुत्व-भावना और विलासाकुलता। इन दोनों का सम्बन्ध प्रसाद के वर्ग—वणिक वर्ग –से है। "प्रसाद जी का व्यवसाय वैश्य-व्यवसाय था। उसकी यथार्थताओं से खूब परिचित होना उनके लिए स्वाभाविक ही था। उनकी व्यावसायिक जीवन-यापन पद्धति ने उनको उस वर्ग के अन्तर्भेदों की क्षमता प्रदान की। उन्होंने जाना कि वह वर्ग आज भी दो वृत्तियों की प्रधानता रखता है—प्रभुत्व-भावना और विलासाकुलता। अतएव उन्होंने सामान्यीकरण पद्धति से मनु-जैसे चरित्र का निर्माण कर डाला, जिसमें उन्होंने प्रभुत्व-भावना, आत्मछल तथा विलासाकुलता और इन सबके भीतर नवीन अहंवाद (व्यक्तिवाद) की प्रस्थापना की।"[31] मनु की विलास भावना को मुक्तिबोध ने प्रसाद की काव्य-प्रवृत्ति से भी जोड़कर देखा है। "यदि पाठक 'आँसू' काव्य को पढ़ें, तो उसमें भी विगत विलास-स्मृतियों की प्रधानता है, जैसे कि प्रथम सर्ग में मनु में है। अन्तर केवल यह है कि 'आँसू' में वे अधिक सघन तथा निबिड़ रूप से श्रृंगारात्मक होकर आई हैं। किन्तु अतीत की विलास-सुख-स्मृतियों का ही वह विलाप काव्य है। अगर हम प्रसाद जी की अन्य कविताएँ देखते हैं, तो पाते हैं कि रस-सौन्दर्य की अन्तर्मुख सघन अनुभूति के वासनाग्रस्त चित्र प्रसाद जी में कम नहीं हैं। इससे हम सहज ही इस निष्कर्ष पर आ सकते हैं कि मनु की मूल उच्छृंखल श्रृंगारात्मक अन्तर्मुख भावना प्रसाद जी की भी भावना रही है।"[32]

'कामायनी : एक पुनर्विचार' में मुक्तिबोध ने आद्यंत मनु के चरित्र और

प्रसाद के वर्ग की तथा निजी प्रवृत्तियों में समानधर्मिता की खोज की है, लेकिन साथ ही यह भी स्वीकार किया है कि मनु प्रसाद के मन अथवा व्यक्तित्व का पूर्णतः प्रतिनिधित्व नहीं करता।[33] मुक्तिबोध का मुख्य लक्ष्य मनु के वर्गीय चरित्र और उसे ऐतिहासिक सामाजिक भूमि, जिसमें मनु पैदा हुआ है, की व्याख्या है।

मुक्तिबोध के अनुसार मनु उध्वस्त सामन्त-व्यवस्था के शासक वर्ग का पुत्र है, जो नई सामाजिक-ऐतिहासिक स्थितियों में पड़कर पूँजीवादी व्यक्तिवाद को अपनाता है, लेकिन साथ ही उसमें अपने पुराने वर्ग—सामन्ती शासक वर्ग—की प्रवृत्तियाँ शेष हैं। मुक्तिबोध ने मनु के चरित्र को परिभाषित करते हुए लिखा है, "मनु एक टाइप है, उस वर्ग का टाइप है, जिसकी शासन-सत्ता तथा ऐश्वर्य छिन गया हो। उस वर्ग की समस्त प्रवृत्तियाँ मनु में हैं। अहंकार, विलासिता, आत्ममोह, निर्बन्ध उच्छृंखलता, व्यक्तिवादी साहस, व्यक्तिवादी निराशा, पाखंड और ऐसा आत्मग्रस्त निबिड़ आत्मविश्लेषण जो पराजय से प्रसूत होकर पराजयों की ओर ले जाता है।"[34]

मनु घोर अहंकार और प्रभुत्व-भावना का शिकार है। इसी भावना के कारण उसने श्रद्धा का परित्याग किया (हालाँकि मुक्तिबोध के अनुसार मनु द्वारा श्रद्धा के परित्याग में खुद श्रद्धा के शिथिल व्यक्तित्व का योगदान है। इस दृष्टि से श्रद्धा-परित्याग मनु के व्यक्तिवाद का प्रगतिशील पक्ष है।[35]), इड़ा से घर्षण का प्रयत्न किया और अपनी ही प्रजा से युद्ध के लिए उद्यत हुआ। निश्चय ही मनु की उक्त प्रवृत्तियाँ उसके उदीयमान पूँजीवादी व्यक्तित्व का द्योतक नहीं है। ये प्रवृत्तियाँ सामन्ती शासक वर्गों की प्रवृत्तियाँ हैं या फिर ह्रासशील पूँजीवाद की। पूँजीवादी व्यवस्था अपनी प्रारम्भिक अवस्था में जनतंत्रात्मकता का बहाना लिये होती है, मनु इसकी आवश्यकता नहीं समझता। वस्तुतः अगर मनु प्रसाद के वर्ग का है, जैसा कि मुक्तिबोध के अनुसार वह है, तो उसे उस दौर की उपज कहना चाहिए, जिसमें भारतीय सामन्तवाद और विश्व पूँजीवाद, दोनों ही पतनशील अवस्था में थे। भारतीय सामन्ती शासक वर्ग की शासन-सत्ता छीनी जा चुकी थी और विश्व पूँजीवाद उग्र साम्राज्यवादी अवस्था को प्राप्त कर चुका था। मनु का व्यक्तित्व अथवा उसका व्यक्तिवाद इसी अवस्था को प्रतिबिम्बित करता है। मुक्तिबोध ने मनु को सामन्त-व्यवस्था के शासक वर्गों का पुत्र अवश्य कहा है, लेकिन उसे प्रतिनिधि इसी अवस्था का माना है। उन्हीं के शब्द हैं, "मनु उनके (प्रसाद के) वर्ग

का, उस वर्ग के स्वयं प्रसाद जी का, अपनी कमजोरियों का तथा व्यक्तिवाद—पूँजीवाद-साम्राज्यवाद का, (भारतीय पैमाने पर, भारतीय भूमि में), वर्ग-प्रतिनिधि बना।"[36] इस तरह मनु के सामन्त-व्यवस्था के शासक वर्गों का पुत्र होने और पूँजीवाद का प्रतिनिधि होने में कोई अन्तर्विरोध नहीं है, यह भारतीय पूँजीवाद के विकास-सम्बन्धी तथ्यों के अनुरूप ही है।

मुक्तिबोध के अनुसार 'कामायनी' में वर्णित 'देव सभ्यता' सामन्ती सभ्यता का प्रतीक है। देव-सभ्यता निर्बाध सुख और विलास के सिद्धान्त पर टिका था :

सुख, केवल सुख का वह
संग्रह, केन्द्रीभूत हुआ इतना,
छायापथ में नव तुषार का
सघन मिलन होता जितना
सब कुछ थे, स्वायत्त, विश्व के—
बल, वैभव, आनन्द अपार
उद्वेलित लहरों सा होता
उस समृद्धि का सुख-संचार
कीर्ति, दीप्ति, शोभा थी नचती
अरुण-किरण-सी चारों ओर
सप्तसिंधु के तरल कणों में
द्रुम-दल में, आनन्द विभोर।

(चिन्ता, 9)

देवों अर्थात् सामन्ती शासकों के अत्याचारों से आम जीवन त्रस्त था :

शक्ति रही हाँ शक्ति—प्रकृति थी
पद—तल में विनम्र विश्रान्त
कँपती धरती उन चरणों से
होकर प्रतिदिन ही आक्रान्त।

(वही)

सामन्तों की अतिशय विलासिता और अत्याचारी नीति से वह सभ्यता अथवा व्यवस्था स्वयं पतन के कगार पर आ खड़ी हुई थी, उसका नष्ट होना अवश्यम्भावी था। यह काम ब्रिटिश साम्राज्यवादी पूँजीवाद के हस्तक्षेप से पूरा हुआ। मुक्तिबोध ने लिखा है, "देव-सभ्यता वह ह्रासकालीन सामन्ती सभ्यता है, जो ब्रिटिश साम्राज्यवादी पूँजीवाद के धक्कों से, विश्व-पूँजीवाद के भूकम्पों से, धराशायी हो गई। निश्चय ही, इस सामन्ती सभ्यता के लिए यह प्रलय ही था। पूँजीवाद के देशी और विदेशी प्रहार उसके लिए प्रलय के ही समान रहे, जिनकी युगान्तरकारी शक्तियों पर उसका कोई जोर न था। वह सभ्यता तो अपनी विलास-भंगिमा की बारीकियों में ही डूबी हुई थी, कि एकाएक बन्दूकें चलने लगीं, तूफान चलने लगा, और सामन्ती शासन इस जल-प्रलय में सदा के लिए नष्ट-भ्रष्ट हो गया। इस तथ्य पर रोने के लिए कुछ उसके ऐसे उत्तराधिकारी बचे रहे, जिन्होंने उस विलास-वासना का सुख देखा था।"[37] मनु उन्हीं उत्तराधिकारियों में से एक है। मनु के पास अब केवल देव-सभ्यता के वैभव और विलास की स्मृतियाँ हैं। मुक्तिबोध के अनुसार 'चिन्ता' सर्ग में मनु की घनघोर निराशा का कारण केवल उसकी वर्तमान निःसंगता न होकर, उस वैभव और विलास का लोप है।[38] वैसे यह भी सही है कि मनु सामन्ती सभ्यता के विनाश के तत्त्वों को और विनाश की अनिवार्यता को समझता है :

ओ जीवन की मरु मरीचिका
कायरता के अलस-विषाद
अरे, पुरातन अमृत अगतिमय
मोह-मुग्ध जर्जर अवसाद
मौन! नाश विध्वंस! अँधेरा
शून्य बना जो प्रकट अभाव
वही सत्य है अरी अमरते
उसको यहाँ कहाँ अब ठाँव!

(चिन्ता, 12)

लेकिन 'चिन्ता' सर्ग में मनु द्वारा देव-सभ्यता की आलोचना अथवा आत्मालोचना क्षणिक है, निःसंगता के दबाव में है। जैसे ही एक बार फिर अनुकूल सामग्री तैयार होती है कि मनु कह उठता है :

आकर्षण भरा विश्व यह
केवल भोग्य हमारा
जीवन के दोनों कुलों में
बहे वासना धारा।

(कर्म, 54)

इस पर मुक्तिबोध ने प्रतिक्रिया व्यक्त करते हुए लिखा है, "यह है व्यक्तिवाद की मूलभूत यथार्थता—विश्व को, अन्य को, अन्य की मैत्री को, अन्य के सौन्दर्य को, अन्य के प्रेम को भी, अपना उपभोग्य समझना, अर्थात् अपने सुख के लिए उसका उपयोग करना।"[39]

मुक्तिबोध ने मनु के व्यक्तित्व और प्रवृत्तियों का अध्ययन उसकी वर्गीय स्थिति और ऐतिहासिक-सामाजिक परिस्थितियों से जोड़कर किया है। उन्होंने दिखाया है कि मनु के मुख्यतः दो स्वरूप हैं; "एक तो वह जिसका सम्बन्ध कर्म से है, समाज से है, सभ्यता के विकास से है, और एक वह जिसका सम्बन्ध अपने हृदय की इच्छाओं और वासनाओं से है। दोनों स्वरूप वस्तुतः एक ही हैं।"[40] मुक्तिबोध के अनुसार प्रसाद ने व्यक्तिवाद, राष्ट्रवाद, पूँजीवाद के उपस्थित स्वरूप को ध्यान में रखकर ही मनु का चरित्रांकन किया है और उसे शासन-सत्ता से सम्बद्ध किया है। आलोचना की इसी प्रक्रिया में मुक्तिबोध ने बड़ी सफलतापूर्वक मनु के चरित्र से, उसके व्यक्तिवाद से, छायावादी मानस और प्रसाद के व्यक्ति-मन का सम्बन्ध जोड़ा है।

मुक्तिबोध की आलोचना में मनु का व्यक्तिवाद वह धुरी है जिसके विश्लेषण से पूँजीवाद, राष्ट्रवाद और साम्राज्यवाद के उपस्थित स्वरूप और छायावादी मानस पर प्रकाश पड़ा है। श्रद्धा और इड़ा के चरित्र-विश्लेषण का भी महत्तर उद्देश्य मनु के व्यक्तिवाद को परिभाषित करना रहा है। वैसे श्रद्धा और इड़ा के चरित्र का भी स्वतंत्र विश्लेषण कम नहीं हुआ है।

मुक्तिबोध के अनुसार प्रसाद सामाजिक भूमि पर मनु के साथ हैं, उन्हीं की वर्ग-प्रवृत्तियाँ मनु में साकार हुई हैं, लेकिन विचार के धरातल पर उनका मनु से कोई मेल नहीं था। प्रसाद का आदर्श पूँजीवादी सभ्यता और उसकी दृष्टवृत्तियों के विरुद्ध था। वे इन सबका अन्त चाहते थे। लेकिन इसके लिए उन्होंने जन-संघर्षों के सिद्धान्तों का सहारा न लेकर श्रद्धावाद अर्थात् यूटोपियनिज्म को अपनाया।[41]

यह श्रद्धावाद श्रद्धा के चरित्र में साकार हुआ, उसी के माध्यम से अपनी दार्शनिक अभिव्यक्ति पाई। श्रद्धा, मुक्तिबोध के अनुसार, "प्रसाद की आदर्श-दृष्टि है, आदर्श-भाव है।"[42] श्रद्धा छायावाद और प्रसाद के आत्मबद्ध भावुकता और आदर्शीकरण का प्रतिनिधित्व करती है। श्रद्धा की अवतारणा ही इसलिए हुई है कि उसके व्यक्तित्व में छायावादी भाव-स्वप्नों और भावादर्शों का समाहार किया जा सके और उस पर मंत्रमुग्ध होकर न्योछावार हुआ जा सके।[43] वह मनु की मुक्ति के लिए अवतरित हुई है।[44] मनु की मुक्ति का अर्थ है प्रसाद के भावादर्शों की सफलता अथवा उनकी प्राप्ति।

श्रद्धा अवतरित होती है कर्म की प्रेरणा लिये हुए। वह मनु से निराशा से मुक्ति के लिए कर्म-मार्ग पर चलने का आग्रह करती है, वह उसे जीवन की निर्माणात्मक प्रवृत्तियों के आनन्द का सन्देश सुनाती है और उसे अपने को महान् कर्मों में योग की भावना से समर्पित करती है। वही श्रद्धा अन्त में मनु को रहस्यवादी मुक्ति की ओर मोड़ ले जाती है। मुक्तिबोध ने श्रद्धा के अन्तर्विरोधों का—शब्द और कर्म के अन्तर्विरोधों का, और उसकी आत्मबद्ध भावुकता तथा कर्मशून्य आदर्शवाद का—उद्घाटन किया है और सबका बारीक विश्लेषण प्रस्तुत किया है।

श्रद्धा 'विजयिनी मानवता हो जाए' का उद्घोष करती है। अपने बारे में उसका कथन है—'मैं लोकअग्नि में तप नितान्त, आहुति देती प्रशान्त'। लेकिन उसका कर्म इसके ठीक विपरीत है। वह लोकोत्थान के लिए किसी प्रकार के कर्म का परिचय तो नहीं ही देती, मनु के सारस्वत नगर की जनता और इड़ा के प्रति किये गए अपराधों को नजरअन्दाज करती है। वास्तविक बात तो यह है कि वह मनु के प्रेम में जलने-तपनेवाली केवल एक संगिनी अथवा पत्नी है। आचार्य रामचन्द्र शुक्ल ने उसके लिए कहा था, 'रसपगी रही, पाई न बुद्धि।' मुक्तिबोध

ने शुक्ल जी के इस कथन में एक और विशेषता जोड़ दी : 'रसपगी रही, पाई न बुद्धि, पाया न कर्म।'[45] इन दो तत्त्वों से रहित श्रद्धा को 'इच्छा, ज्ञान और क्रिया' का मिलन-बिन्दु मानना रहस्यवाद के गड़बड़झाले के सिवा कुछ नहीं है। मुक्तिबोध ने लिखा है, "श्रद्धा एक प्राइवेट इंडिविजुअल है, अपने आप में सीमित उसका व्यक्तित्व है। वह स्वयं व्यक्तिवादिनी है, तथा उसमें ज्ञान, क्रिया तथा इच्छा के सामंजस्य और सन्तुलन का सर्वथा अभाव है। यद्यपि उसमें हृदय के सभी गुण हैं, अर्थात् उसका प्रेम उच्च धरातल पर स्थित है, किन्तु वह ऐसा धरातल नहीं है जो सर्वथा उचित हो। जो स्त्री मानवता की बात करे, किन्तु जो सामाजिक कर्म-क्षेत्र की ओर लोक-व्यक्ति के रूप में कार्य न करे, जो स्त्री अपने प्रेमी के प्रेम में उलझकर उसके घनघोर अपराधों को न केवल भूल जाए, वरन् उनको टाल दे, वह स्त्री मानवता का क्या उद्धार करेगी? उसमें कर्म तथा ज्ञान-विवेक तथा उत्तरदायित्व-भावना का अभाव है।"[46]

वस्तुतः श्रद्धा मानवी रूप में होकर भी मानवी नहीं, एक प्रकार के दर्शन और भावना का मानवीकरण है; वह 'वाद' है—मुक्तिबोध की शब्दावली में—'श्रद्धावाद'। इस श्रद्धावाद की जो सामाजिक भूमिका हो सकती है, वही श्रद्धा की है। मुक्तिबोध ने लिखा है, "श्रद्धावाद, श्रद्धा के चरित्र से उभरकर, यह उद्घाटित करता है कि हमारा तथाकथित भाववाद-आदर्शवाद, अन्ततः किस प्रकार प्रस्तुत पूँजीवादी विषमताओं के लिए क्षमाप्रार्थी होकर पूँजीवादी व्यक्तिवादियों को सिर्फ नसीहत देता है और बाद में उन्हीं से समझौता कर लेता है। वह रहस्यात्मक आदर्शवाद, वस्तुतः आत्मविरोधों से ग्रस्त पूँजीवाद तथा व्यक्तिवाद का दार्शनिक डिफेंस है, और कुछ नहीं।"[47] इस प्रकार, यह श्रद्धावाद व्यक्तिवाद ही है—श्रद्धावाद श्रद्धा के रूप में नारी-सौन्दर्य और गरिमा पाकर, दार्शनिक बाने में उपस्थित होकर, नग्न व्यक्तिवाद से कहीं अधिक खतरनाक भूमिका निभाता है। मुक्तिबोध के शब्दों में, "वह ह्रासग्रस्त पूँजीवाद का जनता को बरगलाने का एक जबरदस्त साधन है।"[48]

मुक्तिबोध को 'कामायनी' के किसी चरित्र ने विशेष रूप से आकर्षित किया तो वह है इड़ा। इड़ा का चरित्र श्रद्धा की तरह कल्पनामूलक नहीं है। उसके चरित्र-निर्माण के पीछे प्रसाद के वास्तविक जीवन, वह जीवन जिसका सम्बन्ध प्रसाद

के वर्ग से था, का कठोर अनुभव है। वैसे तो मनु के चरित्र निर्माण में भी प्रसाद का अपना ही अनुभव था लेकिन इड़ा के व्यक्तिगत चरित्र में मनु वाली दुर्बलता नहीं है। उसका व्यक्तिगत चरित्र, मुक्तिबोध की दृष्टि में, इस महाकाव्य के सभी चरित्रों में दृढ़तम और उज्ज्वल है।[49]

इड़ा जब प्रथम बार काव्य-मंच पर आती है तो प्रसाद उसका रूप इस प्रकार खींचते हैं :

बिखरी अलकें ज्यों तर्क जाल!
वह विश्व-मुकुट-सा उज्ज्वलतम
शशि खंड सदृश था स्पष्ट भाल
दो पद्म-पलाश चषक-से दृग
देते अनुराग-विराग ढाल
गुंजरित मधुप सा मुकुल सदृश
वह आनन जिसमें भरा गान
वक्षस्थल पर एकत्र धरे
संसृति के सब विज्ञान-ज्ञान
था एक हाथ में कर्म-कलश
वसुधा-जीवन-रस सार लिये
दूसरा विचारों के नभ को
था मधुर अभय अवलम्ब दिए
त्रिवली थी त्रिगुण तरंगमयी
आलोक-वसन लिपटा अराल
चरणों में थी गति भरी ताल।

(इड़ा, पृ. 72)

उपर्युक्त उद्धरण में प्रसाद ने इड़ा के व्यक्तित्व की जो विशेषताएँ बताई हैं, वे मुक्तिबोध के शब्दों में इस प्रकार हैं—(1) विचारों की, बुद्धि की, तर्क की प्रधानता, (2) प्रकृति पर विजय की प्रवृत्ति, जो दो तरह से व्यक्त हुई है—(अ) विज्ञान का विकास, विज्ञानवाद का विकास, (ब) भौतिक सम्पदा की निरन्तर

अभिवृद्धि हेतु, कर्म-संगठन और कर्तव्य की भावना।[50] इड़ा की ये विशेषताएँ उसे बुद्धिवाद के प्रतीक से कहीं आगे की सिद्ध करती हैं। उपर्युक्त उद्धरण में ही आता है :

था एक हाथ में कर्म-कलश
वसुधा-जीवन-रस-सार लिये
दूसरा विचारों के नभ को
था मधुर अभय अवलम्ब दिए

यहाँ स्पष्ट है कि इड़ा का कर्म, उसके विचार, मधुर-सरस भावनाओं से युक्त हैं। इड़ा, श्रद्धा की तरह, हृदय और बुद्धि में से किसी एक पक्ष से शून्य, केवल भावना ही भावना अथवा कोरी बुद्धि ही बुद्धि नहीं है। 'कामायनी' के चरित्रों में से किसी में, किसी सीमा में, इच्छा, ज्ञान और क्रिया का सामंजस्य है, तो वह इड़ा में है। यह सही है कि उसमें कर्म और बुद्धि का पक्ष उभय है, वह आत्मबद्ध भावुकता को अपने जीवन में स्थान नहीं देती। यह उसकी मानव-कल्याण की भावना के अनुरूप ही है।

इड़ा, मुक्तिबोध के अनुसार, ह्रासग्रस्त सभ्यता की उन्नायिका है। वह नये सिरे से सारस्वत नगर का निर्माण करती है। सारस्वत नगर की सभ्यता देव-सभ्यता अर्थात् सामन्ती व्यवस्था से एक भिन्न और आगे बढ़ी हुई सभ्यता है—वह पूँजीवादी सभ्यता है। मुक्तिबोध का मानना है कि इड़ा का चरित्र बुद्धि-प्रधान अवश्य है, लेकिन वह बुद्धि की प्रतीक नहीं, उसके व्यक्तित्व की व्याप्ति इससे आगे की है। इड़ा पूँजीवादी समाज की मूल विचारधारा—ज्ञानोति, वर्ग-विभाजन, जीवन के लिए संघर्ष (स्ट्रगल फॉर एक्जिस्टेंस) और योग्यतम की विजय तथा शेष का नाश (सर्वाइवल ऑफ द फिटेस्ट)—की प्रतीक है।[51] पूँजीवादी समाज के इन्हीं विचारों को लेकर इड़ा का व्यक्तित्व और आचरण बना है।

मुक्तिबोध ने अपने विश्लेषण में इड़ा के व्यक्तिवादी स्वरूप को ओझल नहीं होने दिया है और न ही उसके प्रतिगामी तत्त्वों के प्रति तनिक भी सहानुभूति दिखाई है। व्यक्तिवाद पूँजीवादी सभ्यता की मूल प्रवृत्ति है। वह अपने स्तर पर जितना क्रियाशील मनु और श्रद्धा के चरित्र-व्यक्तित्व में है, उतना ही इड़ा में।

मुक्तिबोध के अनुसार 'कामायनी' के ये तीनों चरित्र व्यक्तिवाद के तीन भिन्न पक्षों का प्रतिनिधित्व करते हैं। "मनु उसके मनोवैज्ञानिक पक्ष का प्रतिनिधित्व करते हैं, श्रद्धा उसके अनुभूतिवादी एकान्तिक आदर्श-पक्ष का चरित्रात्मक उद्घाटन है, और इड़ा उसके सामाजिक मूल गति-नियमों का, उसके विविध विधानों का प्रतिनिधित्व करती है।"[52]

इड़ा में केवल व्यक्तिवाद ही नहीं, रहस्यवाद भी है। यह अवश्य है कि उसकी कर्मठता और विज्ञानवादी विचारों ने उसके रहस्यवाद को ढक-सा दिया है। श्रद्धा की तरह इड़ा का रहस्यवाद उभरा हुआ नहीं है। लेकिन वास्तविकता यही है कि वह जीवन-जगत सम्बन्धी अपनी व्याख्या को जिस दार्शनिक निष्कर्ष तक पहुँचाती है, वह रहस्यवादी है। मुक्तिबोध ने इड़ा के रहस्यवाद को बहुत बारीकी से पकड़ा है। मुक्तिबोध ने दिखाया है कि इड़ा का रहस्यवाद उसके द्वारा जीवन-संघर्ष में 'योग्यतम की विजय' वाले सिद्धान्त को विश्व का शाश्वत नियम मानने[53] और विश्व के समस्त संघर्षों को अनन्त चेतना में समाहित कर देने में है।[54]

इड़ा पूँजीवादी विधि-विधानों की कट्टरता से पालन पर जोर देती है। उसका मानना है कि सबको अपनी सीमा में रहना चाहिए। वह मनु के अत्याचारों से क्षुब्ध अवश्य होती है, लेकिन साथ ही प्रजा के विद्रोह को भी निन्दनीय मानती है। ये सभी तथ्य इस बात के प्रमाण हैं, मुक्तिबोध के शब्दों में, "इड़ा में निर्माणात्मक प्रतिभा होने के बावजूद, उसके सिद्धान्त शुद्ध प्रतिक्रियावादी हैं।"[55]

'कामायनी' में मनु के व्यक्तिवाद और इड़ा-प्रणीत ह्रासग्रस्त सभ्यता के चित्रण से प्रसाद ने जो पूँजीवादी समाज की वास्तविकताओं—उसमें उत्पन्न सामंजस्य-विरोधी विघटन को, प्रस्तुत किया है, जो उसकी समीक्षा की है और श्रद्धा के माध्यम से जो एक दार्शनिक समाधान दिया है, मुक्तिबोध ने उन सबकी समीक्षा की है।

प्रसाद को, मुक्तिबोध के अनुसार, 'आज' की वास्तविकताओं का गहरा ज्ञान था, वे इस बात से परिचित थे कि पूँजीवादी सभ्यता भयानक रूप से रोगग्रस्त है। मुक्तिबोध की मूल मान्यता ही यही है कि विश्व पूँजीवाद की एक शाखा के रूप में विकसित भारतीय पूँजीवाद अपने जन्मकाल से रोगग्रस्त रहा है, उसमें शुरू से

पश्चिमी पूँजीवादी ह्रासग्रस्त सभ्यता के कीटाणु रहे हैं। प्रसाद को पूँजीवादी सभ्यता के ह्रासग्रस्त स्वरूप से गहरा परिचय था, उन्होंने अपने ढंग से इसके कारणों की खोज भी की थी। प्रसाद के अनुसार (मुक्तिबोध द्वारा संकेतित), इस ह्रासग्रस्त सभ्यता के प्रधान कारण ये प्रतीत होते हैं :

(1) विभेद, वर्गों की खाई;
(2) शासनकर्ताओं की आतंकवादी नीति;
(3) श्रमभाग वर्ग बन गया जिन्हें, अपने बल का है गर्व उन्हें;
(4) बनावटी नियम, कृत्रिम सीमाएँ और दंड;
(5) शोषण और दारिद्र्य।

इस सभ्यता का, 'कामायनी' के अनुसार, व्यक्तिगत-मानसिक स्तर पर इस प्रकार अभाव है :

(1) मनुष्य का 'कृत्रिम स्वरूप';
(2) ज्ञान, इच्छा और क्रिया में परस्पर विरोध-विषमता;
(3) अहंकार, लालसा, असफलता, आँसू और दम्भ आदि।

प्रसाद जी मूलतः यह मानते-से प्रतीत होते हैं कि सामंजस्य-विरोधी विघटन-प्रक्रिया, जो सामाजिक स्तर पर वर्ग-विभेद की खाई के रूप में प्रकट होती है, ठीक वही क्रिया व्यक्तिगत स्तर पर भी सक्रिय है। प्रसाद जी विघटन की इस प्रक्रिया को मूलतः वर्ग-भेद, वर्ग-संघर्ष और अहंकार मानते-से प्रतीत होते हैं।[56]

मुक्तिबोध की दृष्टि में 'कामायनी' आधुनिक युग की एक महत्त्वपूर्ण कृति है तो प्रसाद के इसी यथार्थ-बोध के कारण। 'कामायनी' में प्रसाद की क्षमता तथा महत्ता ही इस बात में प्रकट हुई है कि वे गहराई से लक्षित कर सके हैं कि वर्तमान समय में मनुष्य के भीतर जो विघटन की प्रक्रिया चल रही है अथवा असामंजस्य की स्थिति उत्पन्न हो गई है, उसकी जड़ में यह शोषण-प्रधान ह्रासग्रस्त पूँजीवादी सभ्यता है। लेकिन प्रसाद का यह आकलन एकतरफा है। उन्होंने वर्तमान समाज के केवल उस समुदाय को देखा, जो व्यक्तिवादी प्रवृत्तियों से ग्रस्त है, जनता की

क्रान्तिकारी चेतना और शक्ति को वे न देख सके। "वे यह नहीं देख सके कि भारत के गरीब मध्यवर्ग में अभी इतनी मानवतावादी जनतंत्र-भावना शेष है कि वह (क्रान्तिकारी वर्गों की पिछली पंक्ति में क्यों न सही) सामाजिक रूपान्तर का उत्तरदायित्व निभा सकता है।"[57] इसलिए, उन्होंने जो समाधान दिया वह वास्तविक व्यावहारिक जीवन से बाहर का है—बिलकुल ही काल्पनिक और रहस्यवादी। मुक्तिबोध ने प्रसाद की सभ्यता-समीक्षा और दार्शनिक समाधान का विश्लेषण करते हुए लिखा है :

"(1) वर्ग-भेद का विरोध और उसकी भर्त्सना, अहंकार की निन्दा—यह प्रसाद की प्रगतिशील प्रवृत्ति है।

(2) शासक वर्ग की जन-विरोधी आतंकवादी नीतियों की तीव्र भर्त्सना—यह भी प्रगतिशील प्रवृत्ति है।

(3) वर्ग-भेद का विरोध करते हुए भी मेहनतकशों के वर्ग-संघर्ष का तिरस्कार—यह एक प्रतिक्रियावादी तत्त्व है।

(4) वर्गहीन सामंजस्य और सामरस्य का वायवीय अमूर्त आदर्शवाद। यह तत्त्व भी अपने अन्तिम अर्थों में इसलिए प्रतिक्रियावादी है कि—

(क) वर्ग-वैषम्य से वर्ग-हीनता तक पहुँचने के लिए उसके पास कोई उपाय नहीं, इस उपायहीनता का आदर्शीकरण है आदर्शवादी-रहस्यवादी विचारधारा;

(ख) इस उपायहीनता का एक अनिवार्य निष्कर्ष यह भी है कि वर्तमान वर्ग-वैषम्यपूर्ण स्थिति चिरंजीवी है;

(ग) अगर इस यथार्थ की भीषणता में कुछ कमी की जा सकती है तो वह शासक की अच्छाई और उसके उदार दृष्टिकोण द्वारा ही सम्पन्न हो सकती है—श्रद्धा अपने पुत्र को इड़ा के पास इसलिए रखती है;

(घ) इस विचारधारा के कारण आदर्श और यथार्थ के बीच अनुल्लंघ्य अवांछनीय खाई पड़ जाती है।"[58]

मुक्तिबोध कामायनीकार के यथार्थबोध की प्रशंसा करते हैं, वे उसके सदाशय पर भी सन्देह नहीं करते, लेकिन उनका मानना है, और सही मानना है कि प्रसाद

का दर्शन ही गड़बड़ है—उसने सब जगह गड़बड़ी की है, इसके बावजूद कि वह दर्शन कवि की अपनी 'अनुभवात्मक खोज' है और उसकी प्रस्तुति काव्यात्मक है। शुक्ल जी ने लिखा था कि 'कामायनी' के अन्त में रखा गया समन्वय रहस्यवाद की प्रवृत्ति के कारण काव्य के भीतर नहीं होने पाया है। मुक्तिबोध ने शुक्ल जी के इस मत का समर्थन किया है। उन्होंने लिखा है, "प्रसाद के दर्शन ने सब जगह गड़बड़ की है। उसी प्रकार 'कामायनी' में इच्छा-ज्ञान-क्रिया का वास्तविक सामंजस्य कहीं बताया ही नहीं गया है। (हम यह पहले ही कह चुके हैं कि श्रद्धा के व्यक्तित्व में इनका अभाव है)। पंडित रामचन्द्र शुक्ल का यह कथन बिलकुल ठीक है कि काव्य की रहस्यवादी प्रवृत्ति के कारण, (हमारे शब्दों में उनके विशेष प्रकार के दर्शन के कारण), वैसा होना असम्भव ही था, क्योंकि इच्छा-ज्ञान-क्रिया का सामंजस्य वास्तविक जीवन-क्षेत्र में होता है, न कि संसार से पलायन करके हिमालय के शिखरों पर।"[59]

वैसे, मुक्तिबोध ने जो समाधान सोचा है वह भी अनैतिहासिक और काल्पनिक-सा है। उनकी दृष्टि में 'कामायनी' की कथा का स्वाभाविक विकास यह हो सकता था कि मनु अपने पर पश्चात्ताप करता है और पुनः अपने हाथ में शासन-सूत्र लेकर, इड़ा और श्रद्धा के सहयोग से जन-कल्याण के कार्य में अग्रसर होता है और साम्यवाद की स्थापना करता है।[60]

मुक्तिबोध द्वारा कल्पित मनु का यह सामाजिक उच्चतर रूपान्तर उतना ही आरोपित है जितना प्रसाद द्वारा उसका वायवीय उच्चतर रूपान्तर। बाद में यही मुक्तिबोध के आलोचकों की आलोचना का मुख्य विषय बना। वैसे देखा जाए तो मुक्तिबोध के समग्र कामायनी-मूल्यांकन में उनके दिए इस समाधान का कोई खास मूल्य नहीं है, यह कहीं से उनकी आलोचना का मुख्य विषय नहीं होने पाया है। 'कामायनी : एक पुनर्विचार' का मुख्य विषय तो है मुक्तिबोध द्वारा किया गया 'कामायनी' का वह विश्लेषण, जिसमें प्रसाद-युगीन सामाजिक-ऐतिहासिक शक्तियाँ, कवि-दृष्टि, कवि-मनोविज्ञान, काव्य-संरचना और पात्रों का प्रतीकत्व, सभी अपने वास्तविक स्वरूप में प्रकट होते चले गए हैं।

कहना न होगा कि 'कामायनी : एक पुनर्विचार' में मुक्तिबोध ने मार्क्सवादी आलोचना का एक सन्तुलित मानदंड विकसित किया है। यह ग्रंथ इस बात का

संकेत है कि मार्क्सवादी आलोचना ऐतिहासिक और द्वंद्वात्मक दृष्टिकोण की स्वीकृति-मात्र से श्रेष्ठ और सार्थक नहीं हो जाती; वह सार्थक तब होती है जब उसमें साहित्य और उसमें अभिव्यक्त समाज, दोनों का क्रान्तिकारी बोध होता है।

रामविलास शर्मा और कामायनी

रामविलास शर्मा ने आलोचना-कार्य का प्रारम्भ छायावादी काव्य और मुख्य रूप से निराला के काव्य की व्याख्या से किया था। वैसे, नन्ददुलारे वाजपेयी ने भी, चौथे दशक में ही निराला के महत्त्व को स्थापित करने का सार्थक प्रयास किया था। लेकिन निराला-साहित्य की शक्तिमत्ता का व्यापक उद्‌घाटन रामविलास शर्मा की आलोचना में ही सम्भव हो सका। उनके आलोचनात्मक अध्ययन की सर्वश्रेष्ठ उपलब्धि ही है निराला पर तीन खंडों में लिखित उनकी पुस्तक 'निराला की साहित्य साधना'।

'निराला की साहित्य साधना' प्रथम खंड, न केवल निराला की जीवनी है, छायावाद से लेकर प्रगतिवाद के आन्दोलन तक का आलोचनात्मक दस्तावेज है। द्वितीय खंड में निराला की विचारधारा और कला का विस्तृत विवेचन हुआ ही है, अन्तिम अध्याय 'उपसंहार : छायावाद का स्वरूप' में छायावाद के दूसरे कवियों, विशेषकर प्रसाद के साहित्य का भी संक्षिप्त मूल्यांकन हुआ है।

जैसा कि इस अध्याय के शुरू में लिखा जा चुका है, रामविलास शर्मा ने छायावाद को हिन्दी नवजागरण (हिन्दी नवजागरण की अवधारणा उन्हीं की है) का सर्वाधिक विकसित चरण माना है। उनके अनुसार, हिन्दी नवजागरण और उसके साहित्य की प्रमुख विशेषता है—सामन्त-विरोधी और साम्राज्य-विरोधी चेतना का प्रसार। उन्होंने लिखा है, "जो नवजागरण 1857 के स्वाधीनता संग्राम से आरम्भ हुआ, वह भारतेन्दु युग में और भी व्यापक बना, उसकी साम्राज्य-विरोधी, सामन्त-विरोधी प्रवृत्तियाँ द्विवेदी-युग में और भी पुष्ट हुईं। फिर निराला के साहित्य में कलात्मक स्तर पर तथा उनकी विचारधारा में ये प्रवृत्तियाँ क्रान्तिकारी रूप में व्यक्त हुईं।"[61]

रामविलास शर्मा ने निराला की क्रान्तिधर्मिता के कारण उन्हें छायावाद के कवियों में सर्वाधिक महत्त्व का अवश्य माना है, लेकिन प्रसाद और पंत के महत्त्व

को भी घटाकर नहीं देखा है। प्रसाद और पंत भी अपनी-अपनी विशेषताओं के साथ उसी प्रतिरोध की चेतना का प्रतिनिधित्व करते हैं, जो उनकी दृष्टि में, निराला में सर्वाधिक थी। रामविलास शर्मा ने प्रथम महायुद्ध के बाद के काव्य-विकास पर टिप्पणी करते हुए लिखा है :

> प्रथम महायुद्ध के बाद—स्वाधीनता आन्दोलन के उभार के पहले दशक में—हिन्दी साहित्य में तीन धाराएँ प्रमुख हैं। एक धारा रीतिवादी है जिसके प्रतिनिधि रत्नाकर बन्धु, पद्‌मसिंह शर्मा आदि हैं। दूसरी धारा स्वाधीनता आन्दोलन के सुधारवादी पक्ष के साथ आगे बढ़ती है जिसके प्रतिनिधि मैथिलीशरण गुप्त, महावीरप्रसाद द्विवेदी, गोपालशरण सिंह आदि हैं। तीसरी धारा छायावाद की है जिसकी साम्राज्य-विरोधी चेतना पहली दोनों धाराओं से अधिक प्रखर है, जिसके प्रतिनिधि कवि प्रसाद, निराला और पंत हैं। इन तीनों कवियों के साहित्य की अपनी विशेषताएँ हैं जैसी कि किसी धारा के साहित्यकारों में होंगी; साथ ही उनमें सामान्य विशेषताएँ हैं जो उन्हें हिन्दी साहित्य की एक निश्चित धारा से सम्बद्ध करती हैं।[62]

रामविलास शर्मा के अनुसार छायावाद आधुनिक हिन्दी साहित्य का सबसे प्रगतिशील युग है। उन्होंने लिखा है, "जैसे शेक्सपियर और मिल्टन के बाद शेली, कीट्स और बायरन का युग अंग्रेजी-काव्य का सबसे रचनात्मक, सबसे प्रगतिशील युग है, वैसे ही तुलसीदास और सूरदास के युग के बाद प्रसाद-निराला-पंत का युग सबसे रचनात्मक, सबसे प्रगतिशील युग है।"[63]

छायावाद के कवियों के प्रति—विशेषकर निराला और प्रसाद के प्रति—रामविलास शर्मा का लगाव इतना गहरा है कि वे, उनकी दृष्टि के द्वंद्वात्मक होने के बावजूद और उनके द्वारा यह स्वीकार किये जाने पर भी कि छायावादी साहित्य में अन्तर्विरोधों की भरमार है, छायावादी काव्य की अनेक कमजोरियों को कम करके देखने का प्रयास करते हैं अथवा उन्हें, अनेक बार, गुण में बदलकर पेश करते हैं। यही काम उन्होंने अपने ढंग से भक्त-कवियों, विशेषकर तुलसीदास के साथ किया है। ऐसे प्रयासों के पीछे उनका मुख्य उद्‌देश्य यह होता है कि परम्परा

में जो श्रेष्ठ है, ग्राह्य है, उसे किन युक्तियों से और कैसे, हर स्तर पर समर्थन दिया जाए। इस प्रयास में उनकी आलोचना अनेक बार असंगतियों का शिकार हो जाती है। उनकी आलोचना में ज्यादा ही असंगतियाँ जयशंकर प्रसाद और उनकी 'कामायनी' के सन्दर्भ में प्रकट हुई हैं।

यह ठीक है कि प्रगतिशील आन्दोलन के पहले, आधुनिक हिन्दी साहित्य में छायावाद का युग सबसे प्रगतिशील है, उसका साहित्य इस शताब्दी में सबसे रचनात्मक है; यह भी ठीक है कि प्रसाद के साहित्य में हमारे राष्ट्रीय जागरण के स्पन्दन सुनाई देते हैं; लेकिन रामविलास शर्मा की यह मान्यता गलत है कि प्रसाद 'वर्गहीन साम्ययुक्त समाज-व्यवस्था के समर्थक थे'[64] और उनकी 'कामायनी' 'वर्गहीन समाज की साम्यवादी पुकार' का काव्य है।

रामविलास शर्मा की इस धारणा का आधार है 'कामायनी' की समीक्षा के सन्दर्भ में आचार्य रामचन्द्र शुक्ल द्वारा लिखा गया यह वाक्य—'वर्गहीन समाज की साम्यवादी पुकार की भी दबी-सी गूँज दो-तीन जगह है।'[65] पहली बार रामविलास शर्मा ने 'साहित्य में लोकजीवन की प्रतिष्ठा और जयशंकर प्रसाद' शीर्षक निबन्ध में शुक्ल जी के इस कथन को उद्धृत करने से पहले लिखा था :

> वर्ग-संघर्ष का कैसे अन्त होगा, प्रसाद जी के सामने यह स्पष्ट नहीं था। परन्तु वर्ग है, वर्ग-संघर्ष है, इस संघर्ष का अन्त करके वर्गहीन समाज में मनुष्य की प्रतिष्ठा होनी चाहिए, यह सब उनके सामने स्पष्ट था।
>
> आचार्य शुक्ल ने 'कामायनी' की चर्चा में इस अस्पष्ट साम्यवादी आकांक्षा की ओर संकेत दिया है।[66]

शुक्ल जी के कथन में 'साम्यवादी पुकार' की जो गूँज थी, वह 'दबी-सी' थी, रामविलास शर्मा के 'साहित्य में लोक-जीवन की प्रतिष्ठा और जयशंकर प्रसाद' निबन्ध में भी 'कामायनी' की 'साम्यवादी आकांक्षा' 'अस्पष्ट' थी। लेकिन रामविलास शर्मा ने 'निराला की साहित्य-साधना', द्वितीय खंड में अपनी इस मान्यता को दुहराकर उसे बहुत-कुछ आग्रह में बदल दिया है। लिखा है, "शुक्ल जी ने 'कामायनी' में गांधीवाद की गूँज नहीं सुनी; जो दबी-सी गूँज उन्हें

सुनाई दी, वह वर्गहीन समाज की साम्यवादी पुकार की गूँज है। जो आलोचक छायावाद को गांधीवाद का साहित्यिक प्रतिबिम्ब मानते हैं, उनकी तुलना में शुक्ल जी का दृष्टिकोण अधिक तथ्यपरक है।"[67]

वस्तुतः शुक्ल जी ने अपने इतिहास में 'साम्यवादी पुकार की भी दबी-सी गूँज' की बात अवश्य कही थी, लेकिन 'कामायनी' के सन्दर्भ में उनका मुख्य रूप से यही मानना था कि "इसमें उन्होंने अपने प्रिय 'आनन्द' की प्रतिष्ठा दार्शनिकता के ऊपरी आभास के साथ कल्पना की मधुमती भूमिका बनाकर की है। यह 'आनन्दवाद' वल्लभाचार्य के 'काम' या आनन्द के ढंग का न होकर तांत्रिकों और योगियों की अन्तर्भूमि पद्धति पर है।"[68] रामविलास शर्मा ने 'आचार्य रामचन्द्र शुक्ल और हिन्दी आलोचना' में शुक्ल जी की इस धारणा का खंडन किया है। लेकिन यह खंडन जिस तर्क-भूमि पर हुआ है, उससे दूसरे ही भ्रम की सृष्टि हुई है, वह यह कि प्रसाद का दर्शन भौतिकवादी है। रामविलास शर्मा आधा मानते हैं और आधा नहीं मानते कि 'कामायनी' में बुद्धिवाद-विरोध है। लेकिन, आखिर, वे इस तथ्य को नहीं भूल सके हैं कि "आनन्द और बुद्धि का द्वंद्व 'कामायनी' का मूल सूत्र है"[69] तथा उसका सूत्रधार (जयशंकर प्रसाद) आनन्द के पक्ष में है। अब प्रश्न है, बुद्धिवाद-विरोध में 'साम्यवादी पुकार' देखना, और आगे बढ़कर उसी को प्रधान मान लेना, मार्क्सवादी दृष्टिकोण से कहाँ तक युक्तियुक्त है?

वर्गहीन समाज की स्थापना के लिए वर्ग-संघर्ष मार्क्सवाद के अन्तर्गत आवश्यक है। रामविलास शर्मा का मानना है कि 'कामायनी' में प्रसाद ने 'कामायनी' में वर्गों का निर्माण और उनके संघर्ष का स्पष्ट उल्लेख किया है।[70] उन्होंने उदाहरण के रूप में 'कामायनी' की इन पंक्तियों को रखा है :

अधिकारों की सृष्टि और उनकी वह मोहमयी माया,
वर्गों की खाई बन फैली कभी नहीं जो जुड़ने की।

और भी—

श्रम भाग वर्ग बन गया जिन्हें
अपने बल का है गर्व उन्हें

नियमों की करनी है सृष्टि जिन्हें
विप्लव की करनी वृष्टि उन्हें
सब पिए मत्त लालसा घूँट
मेरा साहस अब गया छूट।

यह दूसरा उद्धरण इड़ा का कथन है। इसमें 'वर्ग' शब्द का प्रयोग निश्चय ही 'वर्ण' के अर्थ में हुआ है। इसके ठीक बाद इड़ा कहती है, "मेरे सुविभाजन हुए विषम।" इसका तो यही अर्थ हो सकता है कि इड़ा-जैसी किसी एक हस्ती ने वर्गों का निर्माण अथवा विभाजन कर दिया। इसका दूसरा अर्थ यह भी है कि विभाजन का होना बुरा नहीं, इड़ा ने तो अपनी समझ से 'सुविभाजन' ही किये थे, लेकिन वे दोषपूर्ण सिद्ध हो गए। और, "श्रम भाग वर्ग बन गया जिन्हें, अपने बल का है गर्व उन्हें" कथन में इड़ा की शिकायत केवल एक वर्ग से तो है नहीं, उसके अनुसार, शासक-शासित, सब मत्त लालसा का घूँट पिए हैं।

थोड़ी देर के लिए यह मान लिया जाए कि यह इड़ा का कथन है, जिससे प्रसाद की दृष्टि का कोई सम्बन्ध नहीं; लेकिन यह तो प्रसाद की आदर्श पात्रा श्रद्धा का कथन है :

विषमता की पीड़ा में व्यस्त
हो रहा स्पन्दित विश्व महान्
यही सुख-दुख विकास का सत्य
यही भूमा का मधुमय दान
नित्य समरसता का अधिकार
उमड़ता कारण जलधि समान
व्यथा की नीली लहरों बीच
बिखरते सुख-मणिगण द्युति मान

(कामायनी, श्रद्धा, पृ. 24)

स्पष्ट है, मुक्तिबोध के शब्दों में, "प्रसाद जी विषमताओं और द्वंद्वों को स्थायी समझते हैं। केवल इतनी ही बात हो सकती है कि सामरस्य के सिद्धान्त-

प्रयोग द्वारा हम क्षीण कर दें।" और यह बात, यथार्थ-जीवन में नहीं, हिमालय पर जाकर होती है :

शापित न यहाँ है कोई
तापित पापी न यहाँ है
जीवन वसुधा समतल है
समरस है जो कि जहाँ है।

(आनन्द, पृ. 133)

रामविलास शर्मा की ये प्रिय पंक्तियाँ हैं। इन्हें उद्धृत करते हुए उन्होंने लिखा है, "समस्त मानव-समाज धीरे-धीरे इसी आदर्श की ओर बढ़ रहा है।"[71]

रामविलास शर्मा के साथ कठिनाई यह है कि वे किसी बात की प्रशंसा अथवा आलोचना के लिए कई बार उसे उसके मूल सन्दर्भ से काट देते हैं। और कहना न होगा कि 'कामायनी' को समग्रता में न देखने के कारण ही उन्हें इसमें 'वर्गहीन समाज की साम्यवादी पुकार' सुनाई पड़ी है।

वैसे, रामविलास शर्मा ने यह स्वीकार किया है कि "सामाजिक क्षेत्र में प्रसाद जी के लिए वर्गों की भूमिका स्पष्ट नहीं है, यह स्पष्ट नहीं है कि श्रमिक वर्ग अपने नेतृत्व में शेष जनता का संगठन करके मुक्त मानव-समाज की रचना कर सकता है। इसी कारण प्रसाद जी मनु के नगर में नये समाज की स्थापना नहीं दिखाते वरन् उसका अस्पष्ट चित्र कैलाश पर दिखाते हैं। प्रसाद जी के चिन्तन की ये सीमाएँ उनके युग की सीमाएँ हैं।"[72]

मुक्तिबोध की आलोचना के आधार पर कहा जा सकता है कि ये सीमाएँ केवल प्रसाद के युग की ही नहीं, उनकी वर्ग-स्थिति की भी हैं। प्रसाद जी का वर्ग इस बात पर विश्वास करता है कि यह विश्व उसी के लिए है, जिसमें बल है—यानी जो सम्पत्ति और देह-शक्ति, दोनों से समर्थ है :

यह नीड़ मनोहर है कृतियों का
यह विश्व-कर्म रंग स्थल है

है परम्परा लग रही यहाँ
ठहरा जिसमें जितना बल है।

(काम, पृ. 31)

'कामायनी' की विषय-वस्तु अध्यात्म-चिन्तन न होकर इस भौतिक जगत् के मानव की ही संस्कृति है[73]—इसे सिद्ध करने की आवश्यकता से प्रेरित होकर रामविलास शर्मा प्रसाद के दार्शनिक-दृष्टिकोण की व्याख्या करते हैं और उसे लगभग भौतिकवादी मान लेते हैं। 'कामायनी' में तांत्रिकों और योगियों की पद्धति का रहस्यवाद है—शुक्ल जी की इस धारणा का खंडन करते हुए पहले उन्होंने लिखा था, "प्रसाद जी न योगवादी थे, न भोगवादी थे। उनका दर्शन संसार को शिव का प्रत्यक्ष रूप मानता है और 'कामायनी' लोक-कल्याण का प्रतीक है।"[74] 'निराला की साहित्य साधना', द्वितीय खंड में उन्होंने दिखलाना चाहा है कि प्रसाद का रहस्यवाद 'प्रचलित धारणाओं के एकदम विपरीत' है। प्रसाद के अनुसार, रामविलास शर्मा के शब्दों में, "रहस्यवाद का अर्थ है जीवन में आनन्द की खोज और उसकी प्राप्ति। यह आनन्द अगोचर और अलौकिक नहीं है; उसमें कामचेतना का भी हिस्सा है।"[75] वैसे, रामविलास शर्मा अन्ततः प्रसाद के आनन्दवादी रहस्यवाद से सन्तुष्ट नहीं हैं। उन्होंने लिखा है, "प्रसाद-साहित्य में विषाद है, दुख भी है, किन्तु उनके दर्शन में इनकी स्वीकृति नहीं है। आनन्दकामी रहस्यवाद की यही कमजोरी है।"[76]

रामविलास शर्मा ने 'कामायनी' के दर्शन को भौतिकवादी सिद्ध करने के लिए 'चिन्ता' सर्ग की इस प्रारम्भिक पंक्ति को उद्धृत किया है :

एक तत्त्व की ही प्रधानता
कहो उसे जड़ या चेतन।

और लिखा है :

> अध्यात्मवादी लेखक भौतिकवादियों पर यह दोष लगाते हैं कि वे जड़ प्रकृति में विश्वास करते हैं, इसलिए उनका दर्शन एकांगी है। वास्तव में एकांगी

> दर्शन अध्यात्मवादियों का है जो जड़ और चेतन का नकली भेद करते हैं। भूत से परे चेतना की सत्ता नहीं है, चेतना भूत का ही गुण है। इसलिए भूत की सत्ता मानने का अर्थ चेतना को अस्वीकार करना नहीं होता। प्रसाद जी अद्वैतवादी हैं लेकिन वेदान्ती नहीं। उनका अद्वैतवाद जड़ और चेतन के अद्वैत को स्वीकार करता है, प्रकृति को माया कहकर या शून्य को सत्य मानकर वह यथार्थ जीवन का अस्वीकार नहीं करते।[77]

'कहो उसे जड़ या चेतन' में अर्थ द्वैत है। प्रसाद ने यहाँ भौतिकवादी और भाववादी, दोनों ही पक्षों के लिए भ्रम की गुंजाइश रख छोड़ी है। इस तथ्य को रामविलास शर्मा से पहले, ज्यादा अच्छी तरह, निराला ने समझा था। उन्हीं के शब्द हैं, "एक ही तत्त्व की प्रधानता!—उसे जड़ कहो या चेतन! ये 'कामायनी' की पहली आठ पंक्तियाँ हैं। कवि ने कामायनी का सारतत्त्व इन पंक्तियों गें रख दिया है—उसे जड़ कहो या चेतन! मनस्तत्त्व की सृष्टि कहो या जड़ जगत की—मनुष्य को चिन्मय रूप से सृष्टि मानो या स्थूल रूप से।"[78]

भाववाद और भौतिकवाद का अन्तर्विरोध छायावाद की विशेषता है। यह अन्तर्विरोध सभी देशों के रोमांटिक काव्यों में रहा है। इस तथ्य को हिन्दी में रामविलास शर्मा से अधिक कोई नहीं जानता। लेकिन जब छायावादी काव्य में, विशेषकर निराला और प्रसाद की कविता में, देखने की बात आती है तो रामविलास शर्मा की कोशिश, जाने-अनजाने, उसके भाववादी तत्त्वों को दबा देने की होती है। या फिर, वे इसे स्वीकार भी करते हैं तो दबे स्वर में। जैसे प्रसाद के सन्दर्भ में ही देखिए, उन्होंने लिखा है, "प्रसाद जी भौतिक जगत को सत्य मानते हैं लेकिन उनके लिए चेतना या भूत पदार्थ का एक ही गुण नहीं है, जैसे कि वह द्वंद्वात्मक भौतिकवादियों के लिए है। यह मूर्त विश्व 'चिति का विराट् वपु मंगल' है; इस स्थापना में चिति की स्वतंत्र और अखंड सत्ता की ओर संकेत है।"[79]

वस्तुतः रामविलास शर्मा के यहाँ 'कामायनी' का अध्ययन नहीं, केवल उसके प्रति निकाला गया निष्कर्ष है। और यह निष्कर्ष भी, काव्य के समग्र अध्ययन के आधार पर नहीं, कुछ उद्धरणों और दार्शनिक सूत्रों के आधार पर निकाला गया है। समग्र रूप से, रामविलास शर्मा के विवेचन का कोई स्वरूप

बनता है तो वह दार्शनिक अध्ययन का ही; लेकिन वह भी खंडित रूप में ही हुआ है। दार्शनिक धरातल पर भी काव्य में व्यंजित कवि-दृष्टि को समग्रता में पहचानने का प्रयास किया गया होता तो रामविलास शर्मा यह लक्षित किये बगैर नहीं रहते कि वह भाववादी दृष्टि ही हो सकती है, जिसके कारण प्रसाद विज्ञान का विरोध करते हैं, वर्ग-विषमता के लिए पूँजीवादी अर्थतंत्र के बजाय यंत्रों को दोषी ठहराते हैं और मनुष्य की प्रकृति-विजय को अभिशाप कहते हैं; वे यह भी देख सकते हैं कि प्रसाद के अनुसार द्वंद्व शाश्वत है, जो मार्क्सवादी यूटोपिया के विपरीत है।

नामवर सिंह और कामायनी

रामविलास शर्मा के समान नामवर सिंह ने भी अपने आलोचनात्मक कार्य का प्रारम्भ छायावाद से किया था। उनकी पुस्तक 'छायावाद' (1954) हिन्दी आलोचना में अपने ढंग की अकेली पुस्तक है, जिसमें छायावादी काव्य की विभिन्न प्रवृत्तियों की अत्यन्त आधुनिक व्याख्या हुई है। इस पुस्तक की विशेषता है बाहर से भीतर और भीतर से बाहर की यात्रा का सन्तुलन। इसकी शैली भी अत्यन्त सर्जनात्मक और ताजगी लिये है।

लेकिन, 'कामायनी' के मूल्यांकन की दृष्टि से 'छायावाद' पुस्तक का महत्त्व नगण्य है। इस क्षेत्र में नामवर सिंह का सर्वाधिक उल्लेखनीय प्रयास 'कामायनी' के प्रतीकों की व्याख्या है। हालाँकि वह लेख—'कामायनी के प्रतीक' (1955)—भी मूलतः मुक्तिबोध के 'कामायनी' सम्बन्धी 1945-46 के 'हंस' में छपे लेखों पर आधृत है; लेकिन, इसके बावजूद, कहा जा सकता है कि उक्त लेख में 'कामायनी' के प्रतीकों की सार्थक व्याख्या है। नामवर सिंह की पुस्तक 'आधुनिक साहित्य की प्रवृत्तियाँ' (1962) में संकलित 'रहस्यवाद' लेख में भी 'कामायनी' के रहस्यवाद पर थोड़ा प्रकाश पड़ा है।

'कामायनी' के सम्बन्ध में नामवर सिंह की भी मूल मान्यता वही है जो मुक्तिबोध की है। वे मानते हैं कि 'कामायनी' किसी शाश्वत समस्या का काव्य नहीं, आधुनिक जीवन को चित्रित करनेवाला काव्य है। उसके सभी रूपक

आधुनिक जीवन के हैं। लेकिन 'कामायनी' के प्रतीकों में एकबारगी आधुनिक जीवन नहीं दिखाई पड़ता तो इसका कारण उन पर कवि के 'रहस्यवादी दृष्टिकोण का झीना पर्दा' डाल दिया जाना है। वस्तुतः नामवर सिंह के शब्दों में, "प्रसाद जी स्वयं भी मनु श्रद्धा, इड़ा वगैरह को शाश्वत भावों का प्रतीक मानते थे। समस्याएँ निस्सन्देह उनके सामने सामयिक थीं, लेकिन उन्होंने शाश्वत समझा, क्योंकि उनके कारणों को प्रसाद जी ने देश-काल का आधार छोड़कर शुद्ध मानसिक जगत में खोजा। वहाँ जाने पर उन्हें मालूम हुआ कि सारी विषमता का कारण बुद्धिवाद है और इतिहास-प्रेमी प्रसाद जी को इस बुद्धिवाद की परम्परा वैदिक युग से दिखाई पड़ी। इसलिए उन्होंने सहज ही अपनी वर्तमान समस्या को अतीत से जोड़ दिया।"[80]

नामवर सिंह का मानना है कि प्रसाद ने बुद्धि अथवा इड़ा के विरोध के लिए ही 'कामायनी' की रचना की है।[81] नामवर सिंह ने इस विरोध के सामाजिक कारणों की खोज की है। आधुनिक मनुष्य—उसके एक बहुत बड़े समुदाय—के साथ ट्रैजिडी यह रही है कि उसने अपनी गतिविधियों को नवीन बौद्धिक आन्दोलनों और विचारों से जोड़ा, अपने को बौद्धिक खोजों के मार्ग पर आगे बढ़ाया, लेकिन आगे चलकर किसी वितृष्णा के अनुभव से पुनः अन्धश्रद्धा की ओर लौट जाना चाहा। इसका कारण यह रहा कि वह अपने उद्देश्य और प्रवृत्तियों में अपेक्षित सीमा तक संगति नहीं बैठा सका। उसने थोड़ा पाया और ज्यादा अहंकार किया। स्वभावतः उसे चोट खानी पड़ी। यह मनुष्य, नामवर सिंह के अनुसार, मध्यवर्ग का मनुष्य है। 'कामायनी' का मनु इसी मध्यवर्ग का प्रतिनिधि है।[82]

'कामायनी' एक रहस्यवादी-छायावादी काव्य है। इसमें रहस्यवाद के प्रायः सभी रूप फलीभूत हुए हैं। इसकी कथा की आधार-सामग्री भी प्राचीन है, जैसा कि सामान्यतः रहस्यवादी काव्यों का होता है। इससे कुछ लोग समझते हैं कि इस काव्य का आधुनिक सामाजिक जीवन से सम्बन्ध हो ही नहीं सकता। लेकिन नामवर सिंह के अनुसार, 'कामायनी' में उसकी प्राचीन आधार-कथा और रहस्यवाद सामयिक समस्या को सनातन रूप में पेश करने का केवल एक बाना है। 'कामायनी' किसी रहस्यवादी शाश्वत समस्या का काव्य न होकर

आधुनिक युग की वास्तविकता को चित्रित करनेवाला काव्य है। इसका एक प्रमाण सारस्वत नगर है, जिसमें वैज्ञानिक उन्नति, प्रजातंत्र और वर्ग-विभाजन दिखाया जाता है। प्रसाद इन सबका वर्णन करते समय यह "भूल गए कि प्रजापति वैवस्वत मनु के युग में यह सब नहीं था।"[83]

नामवर सिंह के अनुसार, 'कामायनी' में मनु, श्रद्धा, इड़ा, काम, मानव, देव-सभ्यता, सारस्वत नगर, हिमालय, कैलास, प्रलय और संघर्ष सहित दर्जनों छोटे-मोटे प्रतीक हैं। और लगभग सभी प्रतीक आधुनिक जीवन के हैं। 'कामायनी' के वास्तविक काव्य-सौन्दर्य का दर्शन करने के लिए जरूरी है कि, नामवर सिंह के अनुसार, "प्रसाद जी के शाश्वतवादी दर्शन का पर्दा हटा दिया जाए।"[84] कहने की आवश्यकता नहीं कि यह कार्य मुक्तिबोध ने पहले ही कर दिया था।

नामवर सिंह के द्वारा प्रतीकों की व्याख्या लगभग वही है, जो मुक्तिबोध की है। वे मनु को आधुनिक मध्यवर्गीय व्यक्ति का, इड़ा को वैज्ञानिक बुद्धि और आधुनिक नारी का तथा श्रद्धा को अन्ध श्रद्धा का प्रतीक मानते हैं। उनके अनुसार, "मनु की आरम्भिक चिन्ता-मिश्रित आशा बीसवीं सदी के आरम्भ के शिक्षित युवक का सच्चा चित्र है, जिसके मन में स्वर्णिम अतीत के नष्ट हो जाने की व्यथा प्रधान थी और नये युग की आशा गौण।"[85] "श्रद्धा मनु में आत्मविश्वास जगाती है और 'विजयिनी मानवता हो जाए' का ऊँचा आदर्श दिखाती है। श्रद्धा व्यापक काममंगल की भावना लेकर अवतरित हुई है। लेकिन बाद में श्रद्धा का अपने आप में सिमट जाना वस्तुतः आरम्भिक व्यापक काममंगल के संकीर्ण हो जाने का प्रतीक है। इसी तरह श्रद्धा की अहिंसा भी जीवदयावाद के नाम पर हृदय की दुर्बलता है।"[86] श्रद्धा की इसी दुर्बलता के कारण मनु को उससे विरक्ति होती है। मनु की इस विरक्ति का समर्थन करते हुए नामवर सिंह ने लिखा है, "ऐतिहासिक दृष्टि से मनु की कर्मण्यता श्रद्धा की निष्क्रिय जीवदयावाद की तुलना में सही है।"[87] 'कामायनी : कुछ नये विचार' लेख में श्रद्धा और मनु के सम्बन्धों को लेकर मुक्तिबोध ने भी ठीक यही बात कही थी, "अर्धसामन्ती छायालोक में विचरण करनेवाली शीलवती श्रद्धा के स्थैर्य तथा अत्यन्त सीमित जीवन की आत्म-तृप्ति मनु के मन पर भारवत् है, और उसके गतिशील व्यक्तित्व, कर्म-प्रधान गतिमान आकांक्षाओं को नष्ट कर ही वह श्रद्धा के जीवनादर्श से

अपने को जोड़ सकता था। मनु का श्रद्धा से असन्तोष स्वाभाविक औचित्यपूर्ण तथा न्याय्य है।"[88]

मनु की जो चिन्ता श्रद्धा के स्नेह से दूर नहीं हो सकी, वह इड़ा के बताए मार्ग पर चलकर विवेक-बुद्धि से हुई। मनु ने बुद्धि के बल से सारस्वत नगर का निर्माण किया और लोक-कल्याण के लिए प्रजातंत्र की स्थापना की। लेकिन अपने उद्‌देश्य और प्रवृत्ति में सन्तुलन न बैठा पाने के कारण वह उच्छृंखल हो जाता है, इड़ा पर अधिकार जमाने की चेष्टा करता है। नामवर सिंह के अनुसार, "यह बुद्धि पर बलात्कार है। यहाँ प्रसाद जी ने दिखाया है कि किस प्रकार प्रजातंत्र से फासिज्म पैदा हुआ। इसकी परिणति प्रजातंत्र और फासिज्म के संघर्ष के रूप में होती है, जिसे प्रसाद जी ने एक ओर मनु तथा दूसरी ओर सारी जनता, इड़ा और समस्त प्राकृतिक शक्तियों को मानकर चित्रित किया है।"[89]

'कामायनी' की सर्वाधिक तेजस्वी लेकिन विवादास्पद पात्र है इड़ा। वह प्रसाद के लिए प्रशंसनीय और छायावादी आलोचकों के लिए ग्राह्य नहीं हो सकी तो इसका कारण तेज-तर्रार होना है। लेकिन, नामवर सिंह के शब्दों में, "प्रसाद के विशेष दृष्टिकोण के बावजूद वैज्ञानिक बुद्धि के प्रतीक इड़ा की विजय होती है।"[90] इसका प्रमाण श्रद्धा द्वारा 'मानव' को उसके हाथों में सौंपना है। "पलायनवादी अन्धश्रद्धावादी मनु के विपरीत मानव बुद्धिवादी नई पीढ़ी का प्रतीक है।"[91]

नामवर सिंह मानते हैं कि "जिस तरह मनु देव-सभ्यता के ध्वंसावशेष थे, उसी प्रकार मानव मनु की प्रजातांत्रिक सभ्यता का अवशेष है।"[92] इस कथन की तार्किक परिणति तो यही हो सकती है कि जैसे देव-सभ्यता के ध्वंसावशेष मनु ने प्रजातंत्र की स्थापना की, वैसे ही मनु की प्रजातांत्रिक सभ्यता का अवशेष मानव साम्यवाद की स्थापना करेगा। यह बात, निश्चय ही, नामवर सिंह की मध्यवर्ग की क्रान्तिकारी नेतृत्व-क्षमता पर आस्था का संकेत है।

नामवर सिंह ने प्रलय की शत-प्रतिशत वही व्याख्या की है, जो मुक्तिबोध की है। उनके यहाँ कुछ छोटे-छोटे प्रतीकों की भी व्याख्या हुई है; जैसे, हिम-

संसृति, उषा का वर्णन, काम इत्यादि। "हिम-संसृति प्राचीन जड़ता को व्यंजित करती है तो उषा नव-जागरण को।"[93] उनका मानना है कि "कामायनी का सबसे विचित्र प्रतीक है काम, जिसको प्रसाद जी ने जीवन की मूल शक्ति तथा मानव सभ्यता की आदिवासना के रूप में चित्रित किया है। ऐसा प्रतीत होता है कि काम की इस कल्पना के मूल में फ्रायड की सेक्स सम्बन्धी मान्यता का गहरा प्रभाव है।"[94]

प्रसाद के प्रेमियों को नामवर सिंह का यह कथन नागवार लग सकता है; वे कह सकते हैं कि प्रसाद का काम-चिन्तन वैदिक साहित्य से गृहीत है। यह सही है। लेकिन जैसे आचार्य शुक्ल ने प्रसाद के बुद्धिवाद-विरोध में पाश्चात्य बुद्धिवाद-विरोधी आन्दोलन का आभास पाया था (आचार्य शुक्ल का वह आभास अनुचित नहीं था), वैसे ही 'कामायनी' में फ्रायड की सेक्स सम्बन्धी मान्यताएँ भी खोजी जा सकती हैं, और यह अनुचित नहीं होगा। प्रसाद के जीवन-काल में फ्रायड का सेक्स सम्बन्धी सिद्धान्त विश्व प्रसिद्ध हो चुका था। फ्रायडीय मनोविज्ञान में मनुष्य की सेक्स-सम्बन्धी असफलताओं को बहुत महत्त्व दिया गया है। 'कामायनी' की ये पंक्तियाँ देखिए :

चल-चक्र वरुण का ज्योति भरा
व्याकुल तू क्यों देता फेरी?
तारों के फूल बिखरते हैं
लुटती है असफलता तेरी।

(काम, पृ. 28)

प्रलय, नामवर सिंह की दृष्टि में, 'कामायनी' का सबसे प्रभावशाली चित्रण है। "सम्पूर्ण हिन्दी कविता में ध्वंस का ऐसा रौद्र और विशाल चित्र दुर्लभ है।"[95] उनके अनुसार, "मनु और श्रद्धा का रागपूर्ण साहचर्य मनु के जीवन का ही नहीं, 'कामायनी' का सर्वोत्तम स्थल है। श्रद्धा, काम, वासना और लज्जा 'कामायनी' के सर्वश्रेष्ठ सर्गों में से है।"[96] नामवर सिंह को सारस्वत नगर टी.एस. इलियट के 'वेस्ट लैंड' की याद दिलाता है। लेकिन, "इलियट का 'वेस्ट लैंड' यूरोप—विशेषत: इंग्लैंड—की ह्रासोन्मुखी बुर्जुवा सभ्यता का प्रतीक है जबकि प्रसाद का 'सारस्वत

नगर' भारत के विकासोन्मुख राष्ट्र जागरण का प्रतीक है।"[97] उस विकासोन्मुख राष्ट्र जागरण की ट्रैजिडी है :

ज्ञान दूर कुछ क्रिया भिन्न है
इच्छा क्यों पूरी हो मन की
एक-दूसरे से न मिल सकें
यह विडम्बना है जीवन की।

(रहस्य, पृ. 128)

नामवर सिंह ने सारस्वत नगर को भारत के विकासोन्मुख राष्ट्र जागरण का प्रतीक मानकर और उसमें ज्ञान इच्छा और क्रिया की अनेकता दिखाकर भारतीय राष्ट्रवाद की विसंगतियों की तरफ संकेत किया है। यह बात उन्हें मुक्तिबोध के करीब ले जाती है।

नामवर सिंह ने 'कामायनी' की उपर्युक्त पंक्तियों को इलियट की 'हॉलोमैन' कविता की निम्नलिखित पंक्तियों से मिलाकर देखा है :

बिट्वीन द आइडिया
एंड द रिएलिटी
बिट्वीन द मोशन
एंड द एक्ट
फाल्स द शैडो।

और लिखा है, "प्रसाद जी का त्रिपुर-प्रतीक इलियट से कहीं अधिक चित्रात्मक और उदात्त है।"[98] लेकिन, उनके अनुसार जब तीनों लोकों के अलगाव को श्रद्धा के स्मिति-योग से आपस में मिला दिया जाता है तो वह चित्रण नीरस हो जाता है। इस प्रकार, नामवर सिंह की दृष्टि में प्रसाद की वास्तविकता को व्यंजित करनेवाली कल्पना आकर्षक है, लेकिन रहस्यवाद की श्रेणी में पहुँचा देनेवाली उनकी काल्पनिक सर्जना नीरस है।

नामवर सिंह ने 'कामायनी' के प्रतीकों की व्याख्या करते हुए निष्कर्ष-रूप में लिखा है :

> इसमें कोई शक नहीं कि 'कामायनी' के प्रतीक एक हद तक छायावादी आवरण से ढके हुए हैं, लेकिन दूसरी ओर उसमें अपने युग की जीवन्त समस्याओं का स्पन्दन भी है। प्रसाद ने अपने युग की वास्तविकता को इतने व्यापक सामाजिक परिवेश में तथा भावना के गहरे स्तरों के साथ चित्रित किया है कि इन प्रतीकों में युग-युग को रसमग्न और प्रेरित करने की क्षमता आ गई है। इतने विशाल आधार पर इतने चित्रात्मक ढंग से आधुनिक समाज का संघर्ष किसी हिन्दी काव्य में चित्रित नहीं हुआ है, और जहाँ तक मेरी जानकारी है अन्य भाषाओं में भी शायद ही कोई ऐसी कविता मिले। इलियट की 'वेस्ट लैंड' अत्यधिक व्यंग्यात्मक, प्रसंगगर्भी और प्रतीकात्मक होते हुए भी मानव-विकास के भविष्य की ओर इतना विवेकपूर्ण और आस्थापूर्ण संकेत नहीं करती।[99]

नामवर सिंह का यही निष्कर्ष उनके विवेचन को मुक्तिबोध से अलग करता है। मुक्तिबोध यह नहीं मानते कि 'कामायनी' में मानव-विकास के भविष्य की ओर विवेकपूर्ण संकेत हैं। मुक्तिबोध के अनुसार 'कामायनी' की यही मूल कमजोरी है, जिसके कारण प्रसाद को विश्व के महान् साहित्यकारों की श्रेणी में नहीं रखा जा सकता। उन्हीं के शब्द हैं, "हम प्रसाद जी को रिबेलाई, रोम्याँ रोलाँ, गोर्की, तॉल्स्तॉय, बाल्जाक आदि साहित्यकारों की श्रेणी में इसलिए नहीं रख सकते कि 'कामायनी' हमें मनुष्यता के वास्तविक उद्धार-लक्ष्यों की ओर पहुँचाने का न मार्ग बतलाती है, न सामाजिक वास्तविकताओं का इस प्रकार विश्लेषण ही करती है, जिससे हम उन उद्धार-लक्ष्यों की ओर ले जानेवाले मार्गों की रूपरेखा नियत कर सकें और उसकी ओर अग्रसर हो सकें।"[100]

उपर्युक्त विवेचन से स्पष्ट है कि नामवर सिंह की 'कामायनी' के प्रतीकों की व्याख्या मुक्तिबोध पर आधृत होते हुए भी मौलिकता लिये है। दूसरी बात, मुक्तिबोध के विवेचन में संयोजन का अभाव है, उसमें अन्तर्विरोधों की पर्याप्त गुंजाइश है; इसके विपरीत नामवर सिंह का विवेचन अन्त:संगति और रोचकता लिए है। नामवर सिंह मुक्तिबोध के दृष्टिकोण के पक्षपाती हैं, इसे उन्होंने खुलकर स्वीकार किया है। यही नहीं, उन्होंने 'कामायनी' के सम्बन्ध में उठनेवाले विवादों में

भाग लेते हुए, मुक्तिबोध के दृष्टिकोण को स्थापित करने का भी प्रयास किया है। उन्होंने लिखा है, "मुक्तिबोध का 'कामायनी : एक पुनर्विचार' समकालीन साहित्य में पुनर्मूल्यांकन के बहाने नये मूल्यों का ऐतिहासिक दस्तावेज है जो समकालीन साहित्य के मूल्यांकन के साथ ही समकालीन सन्दर्भ में अपनी पूरी परम्परा का पुनर्मूल्यांकन करने की दृष्टि देता है।"[101]

सन्दर्भ

1. देखें, रेखा अवस्थी प्रगतिवाद और समानान्तर साहित्य परिशिष्ट (सं. 1978), पृ. 317
2. देखें, रामविलास शर्मा, निराला की साहित्य साधना, प्रथम खंड, (सं. 1969), पृ. 295
3. रामविलास शर्मा, मार्क्सवाद और प्रगतिशील साहित्य, (सं. 1984), पृ. 111
4. रामविलास शर्मा, भाषा, युगबोध और कविता (सं. 1981), पृ. 181-82
5. नामवर सिंह, आधुनिक साहित्य की प्रवृत्तिगाँ, (सं. 1977), पृ. 05
6. नामवर सिंह, छायावाद (सं. 1979), पृ. 157
7. मुक्तिबोध, मुक्तिबोध रचनावली, खंड-5, (सं. 1980), पृ. 198
8. वही, पृ. 356
9. वही, पृ. 468-69
10. वही, पृ. 469-70
11. वही, खंड-4, (सं. 1980) पृ. 373-74
12. वही, पृ. 269
13. वही, खंड-5, पृ. 71
14. वही, पृ. 335
15. वही, पृ. 228
16. डॉ. नगेन्द्र, कामायनी के अध्ययन की समस्याएँ, पृ. 43
17. मुक्तिबोध, मुक्तिबोध रचनावली, खंड-4, पृ. 216
18. काडवेल, पृ. 178
19. मुक्तिबोध, मुक्तिबोध रचनावली, खंड-4, पृ. 217
20. वही, पृ. 227
21. वही, पृ. 229
22. वही, पृ. 216
23. वही,
24. वही, पृ. 216-17

25. वही, पृ. 228
26. वही, पृ. 218
27. वही, पृ. 229
28. वही, पृ. 353
29. वही, पृ. 336
30. वही, पृ. 336
31. वही, पृ. 293
32. वही, पृ. 246-47
33. वही, पृ. 244
34. वही, पृ. 231
35. वही, पृ. 377-78
36. वही, पृ. 293
37. वही, पृ. 253
38. वही, पृ. 239
39. वही, पृ. 277
40. वही, पृ. 275
41. वही, पृ. 294
42. वही, पृ. 353
43. वही, पृ. 263
44. वही, पृ. 290
45. वही, पृ. 339
46. वही, पृ. 310
47. वही, पृ. 315
48. वही, पृ. 315
49. वही, पृ. 337
50. वही, पृ. 337-38
51. वही, पृ. 328
52. वही, पृ. 332
53. वही, पृ. 329
54. वही, पृ. 332
55. वही, खंड-4, पृ. 331
56. वही, पृ. 224-225
57. वही, पृ. 325

58. वही, पृ. 325
59. वही, पृ. 361
60. वही, पृ. 360-61
61. रामविलास शर्मा, महावीरप्रसाद द्विवेदी और हिन्दी नवजागरण (सं. 1977), पृ. 19
62. रामविलास शर्मा, निराला की साहित्य साधना, खंड-2, (सं. 1981), पृ. 552-53
63. वही, पृ. 573
64. रामविलास शर्मा, भाषा, युगबोध और कविता, पृ. 127
65. आचार्य रामचन्द्र शुक्ल, हिन्दी साहित्य का इतिहास, पृ. 469
66. रामविलास शर्मा, परम्परा का मूल्यांकन, (सं. 1981), पृ. 136
67. रामविलास शर्मा, निराला की साहित्य साधना, खंड-2, पृ. 553
68. आचार्य रामचन्द्र शुक्ल, हिन्दी साहित्य का इतिहास, पृ. 464
69. रामविलास शर्मा, निराला की साहित्य साधना, खंड-2, पृ. 565
70. वही, पृ. 135
71. रामविलास शर्मा, भाषा, युगबोध और कविता, पृ. 127
72. रामविलास शर्मा, परम्परा का मूल्यांकन, पृ. 137
73. वही, पृ. 133
74. रामविलास शर्मा, आचार्य रामचन्द्र शुक्ल और हिन्दी आलोचना, पृ. 181
75. रामविलास शर्मा, निराला की साहित्य साधना, खंड-2, पृ. 563
76. वही, पृ. 565
77. रामविलास शर्मा, परम्परा का मूल्यांकन, पृ. 137
78. निराला, चयन, पृ. 144-45
79. रामविलास शर्मा, परम्परा का मूल्यांकन, पृ. 137
80. नामवर सिंह, इतिहास और आलोचना, पृ. 113
81. नामवर सिंह, आधुनिक साहित्य की प्रवृत्तियाँ, पृ. 61
82. नामवर सिंह, इतिहास और आलोचना, (सं. 1978), पृ. 120
83. वही, पृ. 114
84. नामवर सिंह, इतिहास और आलोचना, पृ. 114
85. वही, पृ. 116
86. वही, पृ. 117
87. वही, पृ. 117
88. मुक्तिबोध, मुक्तिबोध रचनावली, खंड-4, पृ. 377-78
89. नामवर सिंह, इतिहास और आलोचना, पृ. 119
90. वही, पृ. 121

91. वही, पृ. 120
92. वही,
93. वही, पृ. 115
94. वही, पृ. 122
95. वही, पृ. 114
96. वही, पृ. 116
97. वही, पृ. 121
98. वही, पृ. 119
99. वही, पृ. 121
100. मुक्तिबोध, मुक्तिबोध रचनावली, खंड-4, पृ. 336
101. नामवर सिंह, कविता के नये प्रतिमान, (सं. 1974), पृ. 83

मूल्यों का संघर्ष : कामायनी

आधुनिक हिन्दी काव्यकृतियों में सर्वाधिक समीक्षाएँ 'कामायनी' पर लिखी गई हैं। आचार्य रामचन्द्र शुक्ल से लेकर नन्ददुलारे वाजपेयी, रामविलास शर्मा, मुक्तिबोध, डॉ. नगेन्द्र, नामवर सिंह और रामस्वरूप चतुर्वेदी तक ने इस काव्यकृति के मूल्यांकन की समस्याओं से—अपने-अपने ढंग से—जूझने का प्रयास किया है। यह 'कामायनी' की अद्‌भुत शक्तिमत्ता और मूल्यवत्ता का ही प्रमाण है कि इसके अखाड़े में आलोचना के लगभग सभी प्राचीन और आधुनिक प्रतिमानों ने अपना जोर आजमाया। हिन्दी आलोचना क्षेत्र का कोई भी ऐसा शास्त्र, कोई भी ऐसी पद्धति और कोई भी ऐसी दृष्टि नहीं, जो 'कामायनी' के मूल्यांकन में प्रवृत्त न हुई हो। इसलिए यदि 'कामायनी' सम्बन्धी सभी समीक्षात्मक प्रयासों को एक जगह एकत्र कर दिया जाए तो हिन्दी आलोचना के विराट् क्षितिज का उद्‌घाटन होगा ही, सभी आलोचना-दृष्टियों के मतभेदों, संघर्षों और उनकी अपनी-अपनी शक्ति तथा सीमा का भी पता चलेगा। वस्तुतः इस दृष्टि से आधुनिक हिन्दी साहित्य में 'कामायनी' से बेहतर कोई दूसरा अखाड़ा हो भी नहीं सकता है।

'कामायनी : एक पुनर्विचार' के प्रथम अध्याय में 'कामायनी' की सामाजिक आलोचना का मार्ग प्रशस्त करते हुए मुक्तिबोध ने लिखा था, "अगर मेरी इस रचना की ओर आलोचकों का ध्यान गया तो निश्चय ही मतभेदों की टंकार सुनाई देगी।"[1]

मुक्तिबोध का ऐसा सोचना बिलकुल सही था। 'कामायनी' पर अब तक लिखी आलोचनाओं में सर्वाधिक विवादग्रस्त 'कामायनी : एक पुनर्विचार' ही हुई है। वस्तुतः 'मतभेदों की टंकार' के लिए भूमि शुक्ल जी की आलोचना से ही तैयार हो चुकी थी, जिसे मुक्तिबोध ने युद्ध-भूमि का रूप दिया।

किसी रचना का मूल्यवान होना एक बात है और उसमें अन्तर्विरोधों का होना दूसरी बात। सामान्यतः एक रचना में अन्तर्विरोध रचनाकार के यथार्थ बोध और उसके द्वारा प्रस्तुत दार्शनिक समाधान के बीच की असंगति के रूप में प्रकट होता है। अन्तर्विरोध दूसरे प्रकार के भी हो सकते हैं। बहरहाल, किसी रचना में उपस्थित अन्तर्विरोध का कोई ऐसा कारण भी हो सकता है जो आलोचक की दृष्टि में अक्षम्य हो; इसके बावजूद एक विवेकशील आलोचक रचना के महत्त्व को खारिज नहीं करता। मुक्तिबोध से पहले 'कामायनी' में प्रस्तुत समस्याओं और समाधान के बीच की असंगति का अनुभव अपने ढंग से शुक्ल जी ने किया था। उन्होंने 'कामायनी' में असंगति का जो कारण खोजा, वह है—रहस्यवाद। रहस्यवाद शुक्ल जी के लिए लगभग अक्षम्य अपराध था, फिर भी उन्होंने 'कामायनी' को मूल्यवान माना। यही बात मुक्तिबोध की आलोचना के साथ घटित होती है। मुक्तिबोध के अनुसार 'कामायनी' की समस्याएँ वास्तविक हैं, वे कवि के गहन यथार्थ-बोध और गहरे चिन्तन से सम्बन्धित हैं, लेकिन इसमें जो समाधान प्रस्तुत किया गया है, वह काल्पनिक और रहस्यवादी है।

शुक्ल जी की दृष्टि में 'कामायनी' की मुख्य समस्या है हृदय, बुद्धि और कर्म का सामंजस्य। काव्य का यह पक्ष उनकी लोकमंगलवादी दृष्टि के अनुरूप है, लेकिन समाधान के रूप में लाया गया रहस्यवाद सही नहीं है। इसलिए, बाद के कुछ आलोचकों ने उनके द्वारा अनुभव की गई असंगतियों को उनका दार्शनिक पूर्वग्रह-भर मान लिया। मुक्तिबोध ने आलोचकों के इस रवैये का खंडन किया और विस्तार से दिखाया कि हृदय, बुद्धि और कर्म के सामंजस्य के लिए रहस्यवाद कतई वास्तविक समाधान नहीं हो सकता।

'कामायनी' के रहस्यवाद के समर्थन में आचार्य नन्ददुलारे वाजपेयी की आलोचना सामने आई—जाहिर है कि आचार्य शुक्ल के खंडन में भी। वाजपेयी जी ने शुक्ल जी को पुरानी शैली का आदर्शवादी कहा और 'कामायनी' के रहस्यवाद

के समर्थन में काव्य की एक विशिष्ट कोटि निर्धारित की—'यथार्थोन्मुख मानव-रहस्य-काव्य'। 'कामायनी', उनकी दृष्टि में, हिन्दी साहित्य के इतिहास में इस कोटि का सम्भवतः पहला काव्य है। वाजपेयी जी का मानना है कि मनुष्य के सभी कृत्य स्थूल नैतिक नियमों से निर्धारित न होकर मन की गति पर निर्भर होते हैं, एक कलाकार मन की उन्हीं अच्छी-बुरी गतियों को समझने की चेष्टा करता है और उनका तटस्थ चित्रण करता है। इस प्रकार, वाजपेयी जी की दृष्टि में, 'कामायनी' मानव-मन के रहस्यों के उद्घाटन की सफल मनोवैज्ञानिक यथार्थवादी कविता है।

वाजपेयी जी का मानना है कि इस 'आधुनिक यथार्थवाद की विचारधारा' से परिचित न होने के कारण ही शुक्ल जी ने 'कामायनी' के रहस्यवाद को आध्यात्मिक रहस्यवाद से जोड़ दिया। उन्हीं के शब्द हैं, "किन्तु शुक्ल जी इस यथार्थोन्मुख मानव-रहस्य-काव्य और उस आदर्शवादी अध्यात्म-काव्य के मौलिक अन्तर की ओर ध्यान नहीं देते। आदर्श और यथार्थ का सम्पूर्ण मनोविज्ञान ही एक-दूसरे से पृथक् हो गया है।"[2]

वास्तव में, आदर्श और यथार्थ का सम्पूर्ण मनोविज्ञान एक-दूसरे से कहीं पृथक् हुआ है तो वह नन्ददुलारे वाजपेयी के विवेचन में ही। वाजपेयी जी की दृष्टि में शुक्ल जी पुरानी शैली के आदर्शवादी थे। इससे होना तो यह चाहिए था कि वे श्रद्धा की आदर्शवादिता पर रीझते, लेकिन हुआ ठीक इसके विपरीत। उन्होंने इड़ा के बुद्धिवाद की सराहना की और श्रद्धा उनके लिए 'रस पगी रही' हो गई। इसके विपरीत मनोवैज्ञानिक रहस्यवादी यथार्थवाद के पक्षधर वाजपेयी जी श्रद्धा के मनोवैज्ञानिक परीक्षण के बगैर ही उसके शुद्ध नारीत्व और आदर्शवादी विचारों के प्रति समर्पित हो गए। वैसे, वाजपेयी जी के सामने यह स्पष्ट था कि श्रद्धा-वृत्ति उनके शाश्वत मनोवैज्ञानिक यथार्थ के भी मेल में नहीं है। उन्हीं के शब्द हैं, "यह आधुनिक मानव-मात्र, नर-नारी-मात्र की एक प्रतिनिधि कथा या जीवनी का स्वरूप भी है। आज का मनुष्य मनु से भिन्न नहीं है, आज की नारी भले ही कामायनी से कुछ भिन्न हो।"[3]

शुक्ल जी की गलती यह नहीं थी कि उन्होंने 'कामायनी' में रहस्यवाद देखा, उनकी गलती यह भी नहीं थी कि इस काव्य की अनेक असंगतियों की जड़ रहस्यवाद को माना; वे कहीं गलत थे तो केवल इस बात को लेकर कि उन्होंने युक्तियुक्त

आलोचना के बावजूद इस काव्य को रहस्यवाद, बुद्धिवाद-विरोध और मधुचर्या तक सीमित करके देखा। वाजपेयी जी ने भी 'कामायनी' को इन्हीं तीनों विशेषताओं के अन्तर्गत देखा है। यह अलग बात है कि शुक्ल जी के लिए जो आलोच्य था, वही वाजपेयी जी की दृष्टि में प्रशंसा के योग्य हुआ। वस्तुतः छायावाद के यही मुख्य काव्य-मूल्यों में से थे, जिनकी वकालत करना वाजपेयी जी ने अपना फर्ज समझा। इसके लिए उन्होंने मनोवैज्ञानिक रहस्यवादी यथार्थवाद का सिद्धान्त गढ़ा और उसके तर्कों में 'कामायनी' की असंगतियों का समाहार किया ही किया, उसमें अभिव्यक्त वर्तमान सामाजिक तथ्यों को भी प्रच्छन्न कर दिया—उसके अस्तित्व से ही इनकार कर दिया। यह बात, एक प्रकार से, वाजपेयी जी की ही उस धारणा के प्रतिकूल साबित हुई कि छायावाद में राष्ट्रीय स्वाधीनता आन्दोलन की प्रतिध्वनि है।

वाजपेयी जी के कामायनी-विवेचन के विरोध में प्रगतिवादी और नई कवितावादी आलोचना आई, विशेषकर मुक्तिबोध की आलोचना। लेकिन वाजपेयी जी को एकबारगी अमान्य कर देना आसान नहीं था। वे छायावाद और जयशंकर प्रसाद के प्रबल समर्थक और उस युग में सबसे बड़े प्रचारक रहे थे। हिन्दी के सामान्य पाठकों और छायावाद के प्रशंसकों में इनकी गहरी साख थी। खुद छायावादी कवि इनके करीबी और समर्थक थे। इनका विवेचन छायावादी मूल्यों और तर्कों पर आधारित था। 'कामायनी' के लिए 'यथार्थोन्मुख मानव-रहस्य-काव्य' पद इनका दिया हुआ अवश्य है, लेकिन इसका आधार 'कामायनी' के 'आमुख' में मौजूद है। प्रसाद खुद अपने देखे वही अभिव्यक्त कर रहे थे, जिसका विवेचन वाजपेयी जी ने किया है। इस प्रकार, वाजपेयी जी की आलोचना को कवि की विचारधारा और भावधारा तथा छायावाद और 'कामायनी' के पाठकों-प्रशंसकों के एक बड़े समुदाय का समर्थन प्राप्त था। यह मुक्तिबोध की आलोचना-प्रतिभा थी कि वह वाजपेयी जी के प्रभावों को निस्तेज कर सकी।

मुक्तिबोध की 'कामायनी' सम्बन्धी आलोचना प्रगतिवादी मूल्य-भावना से युक्त है, वह प्रगतिशील आन्दोलन की अनिवार्य आवश्यकता के रूप में आई है। प्रगतिशील आन्दोलन आधुनिक हिन्दी साहित्य के इतिहास में उस बिन्दु पर अवस्थित है, जिसके पीछे के साहित्य में—छायावाद में—सामाजिक जीवन के अनुभवों को भाववादी-आदर्शवादी स्तर पर उपस्थित किया गया और उसके समानान्तर साहित्य

में—प्रयोगवाद और नई कविता में—सामाजिक अनुभवों से अधिक कलावादी मूल्यों पर बल दिया गया। जाहिर है कि छायावाद और उसकी श्रेष्ठ काव्यकृति 'कामायनी' में अन्तर्निहित आधुनिक सामाजिक जीवन के तथ्यों की व्याख्या में तत्पर न होना और वाजपेयी जी की आलोचना का खंडन न करना छायावाद को प्रगतिशील आन्दोलन की साहित्य-धारा से काटकर प्रयोगवाद और नई कविता की परम्परा में शामिल कर देना होता। नई कविता का छायावाद-विरोध के बावजूद इस प्रकार के प्रयास हुए हैं। मुक्तिबोध ने उन प्रयासों को सफलतापूर्वक निष्फल किया है।

वाजपेयी जी की आलोचना के खंडन और 'कामायनी' में अन्तर्निहित आधुनिक सामाजिक वास्तविकता के उद्घाटन के लिए कवि के खुद के विचारों को अमान्य करना आवश्यक था। मुक्तिबोध ने लिखा है :

> जो लोग 'कामायनी' का केवल मनोवैज्ञानिक अर्थ ही लेते हैं, उसके भीतर घुसकर सामाजिक-ऐतिहासिक शक्तियों का दर्शन नहीं करते—उन शक्तियों का जिन्होंने हिन्दी में व्यक्तिवादी रोमांसवाद, छायावादी भावुकता तथा भाववादी—आदर्शवादी विचारधारा का प्रणयन किया—वे लोग 'कामायनी' के सत्यों को, वास्तविक पूँजीवादी समाज-रचना के भीतर पनपनेवाले जीवन-तथ्यों पर घटित न करते हुए, उन वैचारिक कल्पनाओं को स्वयं भी चरम मान बैठते हैं, जिनको कवि ने भी अन्तिम माना है।
>
> प्रसाद जी का मनोवैज्ञानिक यथार्थवाद, सुनिश्चित रूप से, लेखक को तथ्यों के निकट रखते हुए भी, उन जीवन-तथ्यों के तर्कसंगत निष्कर्षों की ओर न मोड़कर—वास्तविक जीवन के वैज्ञानिक निष्कर्षों की ओर न ले जाकर—उसे जिस भाववादी-आदर्शवादी स्तर पर उपस्थित करता है, वह स्तर एक युग-विशेष की, काल-विशेष की, अर्थात् वर्ग-विशेष की प्रवृत्तियों का परिचायक है। कवि का वास्तविक दर्शन करने के लिए केवल उसी की वाणी का भरोसा करना खतरे से खाली नहीं है। कवि जो कुछ कहता है वह सत्य ही है, यह सोचना हमारी अंधता है। सारांश यह है कि हमें यह निश्चित रूप से जान लेना चाहिए कि प्रसाद जी, मनु-आख्यान की फैंटेसी खड़ी कर, अपनी

> युग-प्रवृत्तियों को—एक विशेष कालखंड के अन्तर्गत पूँजीवादी समाज-रचना के भीतर एक विशेष वर्ग, मध्यवर्ग की प्रवृत्तियों को—प्रकट कर रहे हैं।
>
> इतना ही नहीं, प्रसाद जी स्वयं, अपने अनजाने ही—'कामायनी' को प्राचीन इतिहास के रूप में उपस्थित न कर, वर्तमान पूँजीवादी समाज के विकास का छोटा-सा इतिहास प्रस्तुत कर रहे हैं, जिसमें उस समाज की मुख्य समस्या—अहं, व्यक्ति-ईगो (चाहे जो कह लीजिए)—को काव्यक्षेत्र में, उसके नग्न रूप में, उपस्थित किया है।[4]

जीवन-तथ्यों के धरातल पर सच्चा चित्रण होना लेकिन कवि के जीवन-दर्शन का भाववादी-रहस्यवादी होना, 'कामायनी' का मुख्य अन्तर्विरोध है। इस अन्तर्विरोध को समझने में मुक्तिबोध को पर्याप्त सफलता मिली है।

प्रगतिशील आन्दोलन से जुड़े आलोचकों ने एक तरफ जहाँ साहित्य की पुराणपंथी, रसवादी और आधुनिकतावादी ताकतों के खिलाफ संघर्ष किया, वहीं उनके अपने भीतर भी, परम्परा के मूल्यांकन को लेकर तथा साहित्य के और भी अनेक सवालों पर, गहरा मतभेद था। भीतरी मतभेद के अनेक विषयों में से 'कामायनी' भी एक थी। इस विषय पर मुख्य टक्कर मुक्तिबोध और रामविलास शर्मा के बीच थी।

परम्परा के मूल्यांकन का सवाल हो या वर्तमान रचनाशीलता का, रामविलास शर्मा और मुक्तिबोध को आपस में सहमत होने का अवसर कम ही मिला है; इनकी आलोचना में असहमति के बिन्दु ही अधिक हैं। 'कामायनी' के मूल्यांकन के सवाल पर रामविलास शर्मा और मुक्तिबोध के बीच का आलोचनात्मक संघर्ष दो रूपों में प्रकट हुआ है। प्रथम, खुद रामविलास शर्मा का 'कामायनी' सम्बन्धी विवेचन, जो मुक्तिबोध के विवेचन से भिन्न निष्कर्षों की सृष्टि करता है; द्वितीय, रामविलास शर्मा द्वारा मुक्तिबोध की 'कामायनी : एक पुनर्विचार' में अन्तर्विरोधों की खोज, जो उनकी पुस्तक 'निराला की साहित्य साधना' द्वितीय खंड, और 'नई कविता और अस्तित्ववाद' में है।

रामविलास शर्मा ने प्रसाद के आलोचनात्मक साहित्य के कुछ दार्शनिक सूत्रों और 'कामायनी' की कुछ पंक्तियों—'एक तत्त्व की ही प्रधानता/कहो उसे जड़ या चेतन' और 'वह कामायनी जगत् की/मंगल कामना अकेली' आदि—के आधार

पर प्रसाद की विचारधारा की समीक्षा की और उसे प्रगतिशील तथा भौतिकवाद के निकट पाया। उन्होंने 'कामायनी' के सन्दर्भ में शुक्ल जी के इस कथन को बहुत महत्त्वपूर्ण माना कि "वर्गहीन समाज की साम्यवादी पुकार की भी दबी-सी गूँज दो-तीन जगह है।" और इसी के आधार पर वे इस नतीजे पर पहुँचते हैं कि प्रसाद का दार्शनिक चिन्तन गांधीवादी प्रभावों से अछूता है। उन्हीं के शब्द हैं, "इन सीमाओं के बावजूद यह समझना भ्रम होगा कि प्रसाद जी का चिन्तन पूँजीपति वर्ग के सांस्कृतिक मार्ग गांधीवाद पर चल रहा था। गांधीवाद जहाँ जनता के क्रान्तिकारी उभार को दबाकर वर्ग-शान्ति और समझौते की राह पर चलता है, वहाँ प्रसाद जी वर्ग-शान्ति के बदले वर्गहीन समाज का आदर्श सामने रखते हैं।"[5]

रामविलास शर्मा का यह निष्कर्ष प्रसाद के कुछ कथनों, उनके द्वारा प्रस्तुत कुछ दार्शनिक सूत्रों और 'कामायनी' के कुछ अस्पष्ट उद्धरणों पर आधारित है, न कि कविता के समग्र अध्ययन का प्रतिफल। वास्तविकता रामविलास शर्मा के इस निष्कर्ष से भिन्न है। 'कामायनी' में एक जगह प्रसाद कहते हैं—

द्वंद्वों का उद्गम तो सदैव
शाश्वत रहता यह मूल मंत्र

'श्रद्धा' सर्ग में कहा गया है :

विषमता की पीड़ा से व्यस्त
हो रहा स्पन्दित विश्व महान
यही सुख-दुख विकास का सत्य
यही भूमा का मधुमय दान।

'द्वंद्वों' को 'शाश्वत' मानना, 'विषमता की पीड़ा' को 'भूमा का मधुमय दान' कहना, वर्गहीन समाज के आदर्श के ठीक विपरीत का दर्शन है। इसे स्पष्ट करते हुए मुक्तिबोध ने लिखा है, "ध्यान में रखने की बात है कि ये द्वंद्व ऐतिहासिक भौतिकवाद से कोई सम्बन्ध नहीं रखते। इन द्वंद्वों में हम यदि, एक ओर, वर्ग-संघर्ष और द्विधाग्रस्त शासक-वर्ग का आन्तरिक संघर्ष शामिल कर सकते हैं तो, दूसरी ओर, इन द्वंद्वों में शिव-अशिव, सत्-असत्, मंगल-अमंगल, सुन्दर-असुन्दर

आदि का स्थान भी है। प्रसाद जी की द्वंद्वों की परिभाषा वही है जो हमारे भारतीय दर्शनशास्त्र में की गई है। संसार दुख का मूल कारण है। विषमताएँ शाश्वत हैं, द्वंद्व शाश्वत हैं।...इससे छुटकारा कैसे हो? सामरस्यवाद से। यह निदान जैसा भी है, मानव-भविष्य का उज्ज्वल ऐतिहासिक स्वप्न नहीं रखता। यह तथ्य, सामाजिक-ऐतिहासिक क्षेत्र में, प्रसाद जी की अगतिकता का सूचक है।"[6]

मुक्तिबोध की 'कामायनी' के सम्बन्ध में धारणा यह थी कि इसमें प्रस्तुत जीवन तो आधुनिक वास्तविकता की संगति में है, लेकिन दिया गया समाधान—वर्गहीन सामंजस्य और सामरस्य—वायवीय और प्रतिक्रियावादी है। क्योंकि वर्ग-समाज से वर्गहीनता तक पहुँचने के लिए उसके पास कोई उपाय नहीं है और उस उपायहीनता का आदर्शवादी-रहस्यवादी विचारधारा से आदर्शीकरण किया गया है, वह इस रूप में कि वर्तमान वर्ग-वैषम्यपूर्ण स्थिति चिरंजीवी है। मुक्तिबोध का यहाँ तक मानना था कि प्रसाद को प्रथम विश्वयुद्ध से लेकर द्वितीय विश्वयुद्ध से पहले तक की पश्चिमी दुनिया में चलनेवाली लगभग सभी विचारधाराओं का ज्ञान था, लेकिन वे 'मार्क्सवाद से अनभिज्ञ जान पड़ते हैं'।[7] मार्क्सवाद का कवि प्रसाद को ज्ञान हो भी तो भी इतना तो कहा ही जा सकता है कि 'कामायनी' में उसकी आधारभूत मान्यताओं से कोई सरोकार नहीं रखा गया है।

रामविलास शर्मा के मूल्यांकन में जहाँ प्रसाद के कुछ कथनों और 'कामायनी' के सीमित उद्धरणों में संगति बैठाते हुए एक निष्कर्ष तक पहुँचने का प्रयास किया गया है, वहीं मुक्तिबोध के मूल्यांकन में एक व्यापक सामाजिक-सांस्कृतिक-राजनीतिक परिप्रेक्ष्य, छायावाद की प्रकृति और कवि की निजी विशिष्टता तथा उसके वर्ग को ध्यान में रखते हुए, उन सबका विश्लेषण प्रस्तुत करते हुए कृति को उसकी समग्रता में देखा गया है। यह है मूल्यांकन-पद्धति का फर्क जो एक ही विचारधारा के दो आलोचकों को अलग-अलग निष्कर्षों तक पहुँचाता है।

मुक्तिबोध ने 'कामायनी' को एक विराट् क्षितिज देते हुए लिखा है, "प्रसाद जी चित्रक थे, अपने सामने उपस्थित साक्षात् जीवन के चित्रक। किन्तु वे उस काल में उत्पन्न हुए थे जिसमें उन्हें बंगाल आदि अधिक विकसित प्रान्तों तथा विदेशों में फैली हुई भाव-विचारधाराएँ प्राप्त हुई थीं। तत्कालीन समाज की विकासावस्था की कड़ी के एक अंश बनकर, वे पुरातन को नवीन संस्करणों में और नवीन

को पुरातन-नवीन के सम्मिश्र संस्करणों में स्वीकार करते जा रहे थे। भारतीय साहित्य में वह युग ही वैसा था। एक ओर अद्वैतवाद, गांधीवाद, दूसरी ओर रवीन्द्र भावधारा, और तीसरी ओर ब्रिटिश, फ्रेंच, अमरीकी, जर्मन, जापानी साम्राज्यवाद, प्रथम विश्वयुद्ध के अनन्तर अन्तर्राष्ट्रीय-राष्ट्रीय घटनाचक्र देश के भीतर राष्ट्रवाद, साम्राज्यवाद, भूख, गरीबी, गोलियाँ, इत्यादि। इसके साथ आप संयोजित कीजिए प्रसाद का सांस्कृतिक-सामाजिक वर्ग-चरित्र, उनकी भाव-पद्धति, उनकी निबिड़ अन्तर्मुखता, उनकी कल्पनाशीलता, तथा छायावादी प्रकृति से उत्पन्न विशेष साहित्यिक अभिरुचि तथा, स्वयं छायावाद और उसकी अभिव्यक्ति की सीमाएँ, तथा साथ ही प्रसाद जी की जिज्ञासा, अन्वेशषशीलता, जीवन की समस्याओं की तीव्र अनुभूति तथा उनका समाधान प्राप्त करने की भयानक छटपटाहट और इतनी उलझनों और समस्याओं के अद्वैतवादी-आदर्शवादी समाधान के अलावा, अन्य भूमिका की प्राप्ति के अभाव का वास्तविक जीवन तथ्य।"[8]

जिन उलझनपूर्ण स्थितियों और समस्याओं का 'कामायनी' में फैंटेसी-रूप में चित्रण हुआ है, उनके विश्लेषण में मुक्तिबोध यहाँ ज्यादा उलझ गए हैं। रामविलास शर्मा की मुख्य शिकायत भी यही है कि "मुक्तिबोध 'कामायनी : एक पुनर्विचार' में साम्राज्यवाद, सामन्तवाद, भारतीय पूँजीवाद की व्याख्या करते हुए, इनसे साहित्य का सम्बन्ध जोड़ते हुए बहुत सी उलझनों में फँस गए हैं।"[9] उलझनें हैं, लेकिन व्याख्या का उत्कट प्रयास भी है। इसलिए रामविलास शर्मा ने 'कामायनी : एक पुनर्विचार' में जिन असंगतियों को खोजा है, वे, हमारी समझ से बहुत महत्त्व नहीं रखती हैं।

रामविलास शर्मा का कहना है कि "'कामायनी' का मनु सामन्त व्यवस्था के शासक वर्गों का पुत्र कैसे हो गया, इससे तो यही लगता है कि प्रसाद जी के समय तक सामन्तवाद खत्म हो गया था और पूँजीवाद को विकसित होने का मौका मिल गया था।"[10] उनके अनुसार, "मनु को सामन्तवाद, पूँजीवाद, साम्राज्यवाद और प्रसाद की अन्तर्निहित प्रवृत्तियों—सभी का एक साथ प्रतिनिधि मानना असंगतिपूर्ण है।"[11] उन्होंने तीसरी असंगति की खोज की कि "जिन प्रसाद जी ने मनु का चरित्र निर्मित किया, उन्हीं ने श्रद्धा के चरित्र का निर्माण किया। किन्तु मुक्तिबोध प्रसाद की आन्तरिक वृत्तियों का सम्बन्ध मनु से जोड़ते हैं, श्रद्धा से नहीं।"[12] उन्होंने

चौथी असंगति की खोज इस रूप में की कि "मुक्तिबोध ने कामायनी के दर्शन को प्रतिक्रियावादी कहा और उसे निर्दोष भी बताया।"[13] और अन्त में निष्कर्ष यह दिया कि "वास्तव में जयशंकर प्रसाद और कामायनी के प्रति मुक्तिबोध के मन में द्वैतभाव है और यह द्वैतभाव उनकी मनोरचना की जड़ में हैं।"[14]

द्वैतभाव मुक्तिबोध की मनोरचना की जड़ में है या नहीं, यह एक अलग सवाल है; लेकिन इतना तो कहा ही जा सकता है कि रामविलास शर्मा के इस अद्वैतवादी निष्कर्ष से प्रसाद का दर्शन भौतिकवादी है और 'कामायनी' में 'वर्गहीन समाज का आदर्श' प्रस्तुत हुआ है। मुक्तिबोध के 'द्वैतभाव' वाले मूल्यांकन में अधिक शक्ति है। वस्तुतः मुक्तिबोध और रामविलास शर्मा में बुनियादी फर्क भी यही है। मुक्तिबोध रचना के सकारात्मक पक्ष को सामने लाने का प्रयत्न करते हैं, लेकिन उसके नकारात्मक पक्ष को भी आँखों से ओझल नहीं होने देते; इसके विपरीत, रामविलास शर्मा की दृष्टि में जो सकारात्मक है वह हर तरह से सकारात्मक है और जो नकारात्मक है—उसमें सकारात्मक तत्त्व हो ही नहीं सकते। यह रामविलास शर्मा की आलोचना की बुनियादी प्रवृत्ति भले न हो, लेकिन एक खास प्रवृत्ति तो है ही। वस्तुतः रामविलास शर्मा की दृष्टि में कोई भी रचना प्रगतिशील और यथार्थवादी हुए बिना अथवा उसे प्रगतिशील और यथार्थवादी सिद्ध किये बिना, परम्परा में जोड़े जाने योग्य और महत्त्व की अधिकारी हो ही नहीं सकती। अपनी इसी दृष्टि के कारण वे एकपक्षीय विश्लेषण के शिकार हो जाते हैं।

इसमें सन्देह नहीं कि रामविलास शर्मा शुक्ल जी के बाद हिन्दी के महत्त्वपूर्ण आलोचक हैं और इतिहास लेखन में भी उनका गहरा दखल है। भारतीय पूँजीवाद के विकास पर उनका महत्त्वपूर्ण काम है। लेकिन इसके बावजूद, उन्होंने मुक्तिबोध की 'कामायनी : एक पुनर्विचार' में जिन असंगतियों की खोज की है, उससे इतिहास और साहित्य, दोनों ही के प्रति उनकी कम गहरी दृष्टि का पता चलता है। वे यह नहीं देखते या देखने से इनकार करते हैं कि 'कामायनी' के मनु की मनोरचना उस परिस्थिति की देन है, जिसमें भारतीय सामन्तवाद ह्रासशील अवस्था में था, भले ही पूँजीवाद का सुसंगत विकास नहीं हो पाया था, (वैसे रामविलास शर्मा की ही मान्यता है कि भारत में पूँजीवाद का विकास अंग्रेजी राज के बहुत पहले से होने लगा था।) दूसरी तरफ विश्व पूँजीवाद अपनी ह्रासशील अवस्था

में पहुँचकर साम्राज्यवादी चरित्र अख्तियार कर चुका था। इतिहास के उस बिन्दु पर जहाँ कई युग-संधियाँ हों, कोई चरित्र ऐतिहासिक विकास की अनेक प्रवृत्तियों को लेकर उपस्थित होता हो तो वह उस ऐतिहासिक परिस्थिति और चरित्र का अन्तर्विरोध है न कि उसका विश्लेषण करनेवाले आलोचक का। इस सम्बन्ध में ज्यादा से ज्यादा यही कहा जा सकता है कि मुक्तिबोध के विश्लेषण में अपेक्षित सफाई नहीं है। यह भी माना जा सकता है कि मुक्तिबोध ने प्रसाद के दर्शन का जो मूल्यांकन किया है उसमें उलझाव है; लेकिन अपने निष्कर्ष में वह सही है। मुक्तिबोध का मानना था कि 'कामायनी' में दर्शन कवि की संवेदना के अंग के रूप में उपस्थित हुआ है, न कि वह आरोपित है, लेकिन वह दर्शन है प्रतिक्रियावादी। दर्शन का कवि की संवेदना के अंग के रूप में प्रस्तुत होना एक बात है और उसका प्रतिक्रियावादी होना दूसरी बात—दोनों में कोई अन्तर्विरोध नहीं है।

रामविलास शर्मा ने मुक्तिबोध की 'कामायनी : एक पुनर्विचार' में जितनी असंगतियाँ देखी हैं उन्हें 'कामायनी' के सन्दर्भ में परखने की भी कोशिश की होती तो शायद वे किसी दूसरे नतीजे पर पहुँचे होते। इससे छायावाद और 'कामायनी' के और भी प्रसंगानुकूल व सुसंगत मूल्यांकन की सम्भावना विकसित होती। लेकिन उनके लिए आलोचना का विषय यही हुआ कि क्यों मुक्तिबोध ने प्रसाद और 'कामायनी' की भर्त्सना अधिक की है और प्रशंसा कम। उन्होंने यह नहीं देखा कि उस भर्त्सना में भी कितनी सचाई और सहानुभूति है।

मुक्तिबोध का 'कामायनी' के प्रति कितना गहरा लगाव था, इसका एक उदाहरण 'उर्वशी-विवाद' है। जनवरी 1964 की 'कल्पना' में भगवतशरण उपाध्याय की 'उर्वशी' पर एक समीक्षा छपी थी। उसी समीक्षा-लेख पर मुक्तिबोध की टिप्पणी प्रकाशित हुई थी। लेख की 'मूल आत्मा' से मुक्तिबोध की सहमति थी, लेकिन भगवतशरण उपाध्याय द्वारा राह चलते 'कामायनी' की निन्दा कर डालना उन्हें दुर्भाग्यपूर्ण लगा। "सबसे दुर्भाग्यपूर्ण बात जो भगवतशरण जी ने की, वह 'कामायनी' के सम्बन्ध में है। उन्होंने राह चलते 'कामायनी' की निन्दा कर डाली। उन्होंने कहा कि 'कामायनी' में काव्य-सौन्दर्य नहीं है, उसमें तो केवल दर्शन है।"[15]

भगवतशरण उपाध्याय की इसी धारणा के खंडन में मुक्तिबोध ने 'कामायनी'

के दर्शन के महत्त्व को स्थापित करते हुए लिखा है, "उसका दर्शन जीवन-समस्याओं पर अनवरत चिन्तन के फलस्वरूप है। अतएव वह जीवन समस्याओं के निराकरण के रूप में प्रस्तुत हुआ है। उस दर्शन में, उस दर्शन के चित्रण में कोई दोष नहीं है। उसमें आडम्बर नहीं है। उसमें दार्शनिक दम्भ नहीं है। और बहुत-से स्थानों पर आधुनिक समस्या की कुछ मूल विषमताओं पर कठोर और प्रखर काव्यात्मक आक्रमण है। संक्षेप में, प्रसाद जी की दार्शनिक अनुभूति उनकी भावना के नेत्र हैं।"[16] आगे उन्होंने यह भी स्वीकार किया है कि 'कामायनी' में उपस्थित जीवन-समस्याएँ जिस स्तर और क्षेत्र की हैं, उस स्तर और क्षेत्र का उसका दार्शनिक समाधान नहीं है। लेकिन इससे यह निष्कर्ष नहीं निकाला जा सकता कि 'कामायनी' में काव्यात्मकता नहीं है।[17]

प्रसाद-काव्य और 'कामायनी' की काव्यात्मकता का तिरस्कार करनेवालों में अनेक रूपवादी कवि और आलोचक भी हैं। हिन्दी में रूपवाद के प्रवर्तक अज्ञेय की दृष्टि में प्रसाद कवि नहीं हैं। यद्यपि अज्ञेय, विजयदेव नारायण साही के अनुसार, प्रसाद की रहस्यवादी परम्परा के ही समानधर्मा कवि हैं। विजयदेव नारायण साही ने लिखा है, "अज्ञेय प्रसाद को कवि नहीं मानते या केवल विश्वविद्यालयों का कवि मानते हैं। मुझे इस पर सदा आश्चर्य हुआ है।"[18] अज्ञेय ने खुद लिखा है, "प्रसाद पढ़ाए जाएँगे।"[19] कुछ ऐसा ही उन्होंने सन् 1937 में लिखा था, "एज ए लिटरेरी फोर्स, एट एनी रेट, निराला इज आलरेडी डेड।"[20] इन दोनों ही बातों को बाद की पीढ़ी ने अज्ञेय के लिए दुहराया है।

'नकेन' के प्रवर्तक नलिन विलोचन शर्मा 'कामायनी' को महाकाव्य के रूप में एक निरर्थक प्रयास मानते हैं। उनका कहना है कि "आज प्रबन्ध-काव्य लिखे तो जा सकते हैं, लेकिन उनका आधार पौराणिक आख्यान नहीं, (आधुनिक) जीवन हो सकता है।" उन्होंने आगे यह भी कहा है कि "जीवन को ही प्रबन्ध-काव्य का आधार बनाया जा सके, यह दुष्कर कार्य अवश्य है। इसके लिए कवि को दार्शनिक चिन्तक के समस्त उपकरणों से युक्त होना आवश्यक है।"[21] नलिन विलोचन शर्मा ने इलियट के 'वेस्ट लैंड' को अपनी इस मान्यता के अनुरूप पाया और 'कामायनी' को नहीं। यह उनका इलियट-प्रेम ही है। इसके साथ ही, यह भी कहना न होगा कि उन्होंने 'कामायनी' में उपस्थित आधुनिक जीवन और प्रसाद

की दार्शनिक चिन्तना को समझने की कोशिश नहीं की।

वैसे, 'कामायनी' की व्यक्तिवादी-रहस्यवादी मनोभूमि और उसकी बिम्बात्मकता ने रूपवादियों को कम आकर्षित नहीं किया है। इस सम्बन्ध में दो उल्लेखनीय प्रयास देखने को मिलते हैं। एक, विजयदेव नारायण साही का और दूसरा, रामस्वरूप चतुर्वेदी का। दोनों ही प्रयास, अपने-अपने ढंग से, 'कामायनी' को उसके मूल सामाजिक-दार्शनिक अभिप्रायों से वंचित करते हैं।

विजयदेव नारायण साही ने सोदाहरण प्रसाद और उनकी 'कामायनी' की दार्शनिक भावभूमि से अज्ञेय साहित्य का सम्बन्ध जोड़ा है। उन्होंने लिखा है, "दर्शन और अनुभूति को घुलाने के लिए अज्ञेय वहीं से आरम्भ करते हैं, जहाँ प्रसाद ने छोड़ा था।"[22] यानी प्रसाद ने 'समरसता का दर्शन' पर छोड़ा था तो अज्ञेय उसी के आसपास से गुजरते हुए 'निर्वैयक्तिक अनुभूति' तक पहुँचते हैं। "वे सारे प्रश्न, वे सारे अभिप्राय, वे सारे प्रतीक, जो कामायनी में निहित हैं, 'अज्ञेय' के कृतिकार मानस में मँडराते रहते हैं—यद्यपि उनके अर्थ भिन्न हो जाते हैं। शायद ये प्रतीक या अभिप्राय तीसरे दशक[22-ए] की मनोभूमि में निहित हैं और प्रसाद, बच्चन और अज्ञेय को अलग-अलग ढंग से प्रमाणित करते हैं।"[23] आगे उन्होंने लिखा है, "वे दोनों (प्रसाद और अज्ञेय) एक ही सिमिट्री की दो विपरीत दिशाएँ हैं, जिसके 'बेस' में तीसरे दशक को खंडित चेतना वाली मनोभूमि है।"[24]

'खंडित चेतना वाली मनोभूमि' यानी वह 'रिक्तता' जिसका अनुभव जवाहरलाल नेहरू ने किया था।[24-ए] जवाहरलाल नेहरू की आत्मकथा से एक लम्बा उद्धरण देते हुए विजयदेव नारायण साही ने लिखा है कि "नेहरू के मन में महसूस होनेवाली विराट् रिक्तता उस युग में पूरे देश की केन्द्रीय समस्या थी, जिसका उत्तर देने की, या जिस पर भावनात्मक विजय प्राप्त करने की कोशिश उस युग की हिन्दी कविता करती है।"[25] 'कामायनी' भी उन्हीं कोशिशों में से एक है। विजयदेव नारायण साही के शब्दों में, "इतना ही नहीं, उसी युग में लिखी गई प्रसाद की 'कामायनी' के मनु में भी वही रिक्तता है, जो कहीं गहरे गुंजलक मारकर बैठी है। 'कामायनी' का पूरा दर्शन, पूरा विराट् फैलाव उस एक रिक्तता को दार्शनिक और कल्पनात्मक कंचन से भर देने की कोशिश है।"[26] आगे उन्होंने लिखा है, "संकेततः यहाँ हम इतना कह सकते हैं कि प्रसाद जी इस रिक्तता को

ज्ञान, क्रिया, इच्छा की भिन्नता के रूप में देखते हैं। क्या यह बिलकुल ठीक विश्लेषण है? क्या मनु की आन्तरिक रिक्तता का उत्तर समरसता का दर्शन है, या श्रद्धा है या एक नई सृजनात्मक पीड़ा है? सबके बाद, क्या प्रसाद जी 'कामायनी' में काव्यात्मक अनुभूति को दार्शनिक रिक्तता से बचाने में सफल हुए हैं, जिसने वड्र्सवर्थ और पंत से बारम्बार बदला लिया?"[27]

विजयदेव नारायण साही के ये प्रश्न 'कामायनी' को उनकी 'सन्तुलन का नाटक' की अवधारणा के निकट ले जाते हैं। उनका कहना है कि प्रसाद-प्रेमचन्द की युगभूमि को संघर्ष या द्वंद्व न कहकर सन्तुलन का नाटक कहना अधिक सही है, क्योंकि वस्तुतः वह चरम द्वंद्व था भी नहीं, और उस युग की मानसिक अवस्था में हो भी नहीं सकता था।[28] साही जी की इस प्रस्थापना में नामवर सिंह ने भी अपना स्वर मिलाया। "वह द्वंद्व भीतरी हो या बाहरी—एक सीमा तक उसका सामना करने के बाद छायावादी कवि सन्तुलन अथवा सामंजस्य के लिए चिन्तित हो उठते थे। सामंजस्य की यह अधीरता इतनी प्रबल थी कि अदबदाकर हर कविता के अन्त में जाते-जाते वह सन्तुलन किसी न किसी तरह प्राप्त कर लिया जाता है।"[29]

रामविलास शर्मा ने नामवर सिंह के इस साही-सहयोग का विरोध किया है, और वह उचित है। उन्होंने लिखा है, "सामंजस्य की खोज कहकर 'कामायनी' और 'राम की शक्ति-पूजा' जैसी छायावाद की श्रेष्ठ उपलब्धियों को हिन्दी साहित्य से निकाल दीजिए, रास्ता प्रगतिवाद के लिए नहीं, अस्तित्ववाद के लिए साफ होगा। सन्तुलन का नाटक कहकर भारत के इतिहास से स्वाधीनता आन्दोलन को खारिज कर दीजिए, साम्राज्यवादी प्रभाव विस्तार के लिए रास्ता साफ होगा।"[30] वास्तव में विजयदेव नारायण साही का मुख्य प्रयास यही रहा भी है कि कैसे छायावाद और उसकी श्रेष्ठ कृति 'कामायनी' तथा स्वाधीनता आन्दोलन को नई कविता की प्रवृत्तियों और प्रगति विरोधी राजनीति के अनुकूल साबित किया जाए।

'नई कविता' के दृष्टिकोण से 'कामायनी' के मूल्यांकन का पहला और सम्भवतः अन्तिम महत्त्वपूर्ण प्रयास रामस्वरूप चतुर्वेदी का है। मुक्तिबोध ने 'कामायनी' पर पुनर्विचार किया था। उस 'पुनर्विचार' में पिछले विचारों की भी समीक्षा शामिल थी। यही बात अपने ढंग से रामस्वरूप चतुर्वेदी के यहाँ भी है—पिछले मूल्यों की समीक्षा फिर नये मूल्य—बिम्बवाद—की स्थापना। उनकी

पुस्तक का नाम है—'कामायनी का पुनर्मूल्यांकन'। उन्होंने पुस्तक के प्रारम्भ में ही लिखा है, "पुनर्मूल्यांकन की बात साहित्य में तब आती है, जब किसी रचना, कवि अथवा युगविशेष को देखने-परखने की दृष्टि में गुणात्मक अन्तर आ जाए। हर समय की दृष्टि से अगला मूल्यांकन पुनर्मूल्यांकन नहीं होगा, क्योंकि सम्भव है कि वह पिछले मूल्यांकन का ही विस्तार अथवा पूरक हो। पुनर्मूल्यांकन एक साथ ही रचना और प्रचलित समीक्षा-दृष्टि, दोनों का होता है। इस माने में पुनर्मूल्यांकन की प्रक्रिया साहित्य-बोध के नये स्तर को उद्घाटित करती है। समकालीन साहित्य के मूल्यांकन की प्रक्रिया में गुणात्मक परिवर्तन होता है तो पिछले युगों के साहित्य का पुनर्मूल्यांकन एक स्वाभाविक और अनिवार्य परिणाम होगा, क्योंकि साहित्य मात्र के मूल्यांकन की प्रक्रिया एक होगी। यों पुनर्मूल्यांकन के माध्यम से हम युग-युग के साहित्य को समकालीन जीवन से जोड़ते चलते हैं।"[31]

मुक्तिबोध ने अपने 'पुनर्विचार' में अनुभव किया था कि अब तक 'कामायनी' की जितनी आलोचनाएँ हुई हैं वे मनोवैज्ञानिक दर्शन आलोचना तथा रहस्य-दर्शन तक ही सीमित है, उनमें रचना के भीतर घुसकर सामाजिक-ऐतिहासिक शक्तियों के दर्शन का प्रयास नहीं किया गया। मुक्तिबोध का यह 'अनुभव' प्रगतिवादी साहित्य-मूल्यों से प्रेरित था। रामस्वरूप चतुर्वेदी ने अपने 'पुनर्मूल्यांकन' में अनुभव किया कि पिछली आलोचनाओं में रचना के अर्थ और अनुभव को शास्त्र के विभिन्न उपकरणों के माध्यम से बाँधकर रखा गया; इसके विपरीत आधुनिक समीक्षा अर्थ और अनुभव को उन्मुक्त तथा विकासशील रखना चाहती है, क्योंकि अनुभव की जीवन्त, सुकुमार और संवेदनशील प्रक्रिया को अक्षत बनाए रखने का यही एक तरीका है।[32] कहने की आवश्यकता नहीं कि यह 'तरीका' उन्होंने अंग्रेजी की 'नई समीक्षा' से लिया है।

रामस्वरूप चतुर्वेदी ने 'कामायनी का पुनर्मूल्यांकन' के पहले अध्याय में 'कामायनी' सम्बन्धी पिछले विवेचनों का विश्लेषण करते हुए लिखा है कि "महाकाव्य रूपक, ऐतिहासिक इतिवृत्त अथवा दर्शन की दृष्टि से 'कामायनी' का मूल्यांकन करने के कारण आलोचक इसके वैशिष्ट्य को देखने में असफल रहे हैं। उनका कहना है कि 'कामायनी' के अर्थ और अनुभव को ठीक-ठीक

ग्रहण करने के लिए जरूरी है कि हम इस रचना के समग्र विधान का वैशिष्ट्य समझें।'[33] इस दृष्टि से उन्हें मुक्तिबोध की 'कामायनी : एक पुनर्विचार' महत्त्वपूर्ण प्रतीत हुई। उन्होंने स्वीकार किया कि मुक्तिबोध ने 'कामायनी' की व्याख्या 'जीवन की पुनर्रचना' की एक विशाल फैंटेसी के रूप में करके इस रचना की समझ को बढ़ाने में योग दिया है। लेकिन उनका मानना है कि मुक्तिबोध ने अपनी समीक्षा में मार्क्सवादी चिन्तन को घुसेड़कर वही गलती की है जो गलती भारतीय दर्शनशास्त्र के माध्यम से 'कामायनी' को समझनेवालों ने की है। उनके अनुसार, "पुस्तक की एक रोचक विडम्बना यह है कि 'कामायनी' को फैंटेसी के रूप में प्रस्तुत करते हुए भी वह अन्त में मनु के हिमालय जाने को वैसे ही स्थूल घटना के रूप में स्वीकार करती है, जैसा कि दिनकर की समीक्षा में दिया गया है।"[34]

रामस्वरूप चतुर्वेदी यहाँ चाहते हैं कि मुक्तिबोध 'कामायनी' को केवल फैंटेसी मानते (इसी से उनका 'बिम्बवाद' पुष्ट हो सकता था), न कि उससे किसी प्रकार की यथार्थवादी अपेक्षा रखते, जैसा कि मुक्तिबोध ने रखा है। वस्तुतः मुक्तिबोध ने 'कामायनी' को फैंटेसी अवश्य माना है, लेकिन इससे उनका यह तात्पर्य कतई नहीं रहा कि फैंटेसी जैसी भाववादी कला में देखने की दृष्टि यथार्थवादी नहीं हो सकती। मुक्तिबोध के शब्द हैं, "यह बहुत ही सम्भव है कि यथार्थवादी शिल्प के विपरीत जो भाववादी शिल्प है—उस शिल्प के अन्तर्गत, जीवन को समझने की दृष्टि यथार्थवादी रही हो।"[35] अपनी इसी धारणा के अनुरूप उन्होंने मनु के हिमालय जाने की आलोचना की है। उस आलोचना में कोई अन्तर्विरोध नहीं है।

मुक्तिबोध ने एक विशाल फैंटेसी के रूप में 'कामायनी' की व्याख्या करते हुए उसके वैशिष्ट्य को समझने का प्रयास किया था। 'कामायनी' के वैशिष्ट्य को पहचानने और विश्लेषित करने का दावा रामस्वरूप चतुर्वेदी ने भी किया है। लेकिन दोनों के मूल्य बिलकुल भिन्न हैं। मुक्तिबोध ने 'कामायनी' की फैंटेसी के रूप में व्याख्या करते हुए सबसे मूल्यवान उसमें अभिव्यक्त सामाजिक-ऐतिहासिक तथ्यों को पाया। रामस्वरूप चतुर्वेदी ने 'कामायनी' के वैशिष्ट्य को 'वास्तु-शिल्प, मूर्ति या चित्र की तरह किसी स्तर पर समग्रता में, उसके अनुभव की संश्लिष्टता में देखने का यत्न' किया और इस तरह उसमें सबसे मूल्यवान उसके बिम्बों को पाया। उन्होंने 'कामायनी' के अनेक बिम्बों के सौन्दर्य का विश्लेषण करते

हुए लिखा है, "बिम्ब-गठन की यह प्रक्रिया 'कामायनी' के रचना-विधान का अभिन्न अंग है और जटिल अनुभव-अर्थ-संश्लेष को उसकी समग्रता में पकड़ने तथा व्यक्त करने का अचूक माध्यम है। साहित्य यदि बिखरे और खंडित जीवन की पुनर्रचना है तो बिम्ब-विधान इस पुनर्रचना की प्रक्रिया है। काव्य-जीवन को अर्थवत्ता प्रदान करता है और काव्य की अर्थवत्ता बिम्ब से निर्मित होती है। 'कामायनी' की रचना-दृष्टि, काव्य के स्तर पर, समकालीन जीवनानुभव में जो कुछ जोड़ सकी है वह इन बिम्ब-मालाओं के ही कारण अन्यथा यह स्पष्ट है कि उच्च स्तर के काव्य, दर्शन और विज्ञान क्षेत्र की साक्षात्कार प्रक्रिया में अन्तर बहुत सूक्ष्म रह जाता है।"[36]

उपर्युक्त उद्धरण में रेखांकित पंक्तियों पर गौर करें तो उसमें विजयदेव नारायण साही वाली आलोचना के तत्त्व भी मिल जाएँगे, और वह भी एक सर्वसामान्य सिद्धान्त की स्थापना के रूप में। विजयदेव नारायण साही ने प्रसाद की 'सिमिट्री' के 'बेस में तीसरे दशक की खंडित चेतना वाली मनोभूमि' देखी थी और पाया था कि उसे 'दार्शनिक और कल्पनात्मक कंचन से भर देने की कोशिश' की गई है। रामस्वरूप चतुर्वेदी जीवन-मात्र को बिखरा हुआ और खंडित पाते हैं, जिसे साहित्य में बिम्बों के माध्यम से भरा जाता है।

रामस्वरूप चतुर्वेदी ने घोषित तथ्य के रूप में अंग्रेजी की नई समीक्षा और विशेष करके इलियट की अवधारणा 'ऑब्जेक्टिव कोरिलेटिव' को आधार बनाकर स्थापित किया है कि "'कामायनी' के विधान की यह मौलिक विशेषता है कि यहाँ पूरी रचना का अर्थ एक नहीं है, पर रीतिकालीन श्लिष्ट काव्य की तरह दो अलग-अलग अर्थ भी नहीं हैं, वरन् एक ही अर्थ के दो स्तर अपने तनाव और संश्लेष के एक वृहत्तर अर्थ की सृष्टि करते हैं।"[37] लेकिन वे यही संगति प्रसाद की वर्णन की भाषा और बिम्ब-भाषा में नहीं बैठा पाए। इस सम्बन्ध में उनकी धारणा है कि "प्रसाद की वर्णन की भाषा यदि सबसे शिथिल है तो उनकी बिम्ब-भाषा निश्चय ही सबसे अधिक विकसित है।"[38] नामवर सिंह ने इसकी आलोचना करते हुए लिखा है, "वर्णन की भाषा की अनगढ़ता पर ध्यान न देकर केवल सुन्दर बिम्बों के आधार पर 'कामायनी' की प्रशंसा करना बहुत-कुछ वैसा ही है, जैसे आचार्य शुक्ल का यह कथन है कि 'यदि हम इस विशद काव्य की अन्तर्योजना पर ध्यान न दें, समष्टि रूप

में कोई समन्वित प्रभाव न ढूँढ़ें, श्रद्धा, काम, लज्जा, इड़ा इत्यादि को अलग-अलग लें तो हमारे सामने बड़ी ही रमणीय कल्पना, अभिव्यंजना की अन्यतम मनोरम पद्धति आती है।"[39] वस्तुतः अधिकांश असंगतियाँ 'कामायनी' के केवल रहस्यवाद को अथवा उसके बिम्बों को मूल्यांकन का आधार बनाने के कारण दिखाई पड़ती हैं।

वास्तव में देखा जाए तो रामस्वरूप चतुर्वेदी का 'पुनर्मूल्यांकन' रचना को जिस दृष्टि से समझे जाने का प्रयास करता है, उसमें यही है कि कविता की सत्ता पृष्ठों से अलग नहीं होती। वे इसी सिद्धान्त से प्रेरित होकर 'कामायनी' के मूल्यांकन में प्रेरित हुए। सच पूछा जाए तो उनका 'कामायनी का पुनर्मूल्यांकन', 'कामायनी' को आधार बनाकर हिन्दी में अंग्रेजी की नई समीक्षा की पद्धति का मूल्यांकन है। इस तथ्य की ओर नामवर सिंह ने इशारा किया है। नामवर सिंह ने रामस्वरूप चतुर्वेदी और मुक्तिबोध की आलोचना के प्रस्थान-बिन्दुओं का साफ-साफ भेद करते हुए लिखा है, "डॉ. रामस्वरूप चतुर्वेदी 'कामायनी' के पुनर्मूल्यांकन की ओर प्रवृत्त हुए काव्य-समीक्षा की नई पद्धति की जाँच के लिए, जबकि मुक्तिबोध शुक्लोत्तर आलोचकों द्वारा 'कामायनी' के दुरुपयोग से क्षुब्ध होकर उसके पुनर्मूल्यांकन के लिए आगे आए, इसलिए स्वभावतः उनकी दृष्टि मूल्य-केन्द्रित रही।"[40] और इसलिए मुक्तिबोध को 'कामायनी' के वास्तविक महत्त्व को उद्घाटित करने में सबसे अधिक सफलता मिली।

मुक्तिबोध ने 'कामायनी' में अभिव्यक्त सामाजिक-ऐतिहासिक तथ्यों का जो उद्घाटन किया है और उसकी जो समीक्षा की है, उसका महत्तर उद्देश्य था साहित्य के उन सामाजिक तथा क्रान्तिकारी मूल्यों की रक्षा, जिनका आचार्य नन्ददुलारे वाजपेयी, डॉ. नगेन्द्र और रामस्वरूप चतुर्वेदी की आलोचना—अपने-अपने ढंग से—इनकार है। रामविलास शर्मा की आलोचना का भी परम्परा और छायावाद के मूल्यांकन में मुख्य उद्देश्य सामाजिक और क्रान्तिकारी मूल्यों की रक्षा रहा है। लेकिन इस अर्थ में रामविलास शर्मा से मुक्तिबोध की आलोचना आगे है कि वह जहाँ परम्परा के सार्थक, उपयोगी और प्रगतिशील तत्त्वों को ग्रहण करते चलती है वहीं उसके प्रगति-विरोधी तत्त्वों की कठोर आलोचना भी करती है। कहने की आवश्यकता नहीं, मुक्तिबोध की आलोचना अधिक द्वंद्वात्मक और विकसित है।

सन्दर्भ

1. मुक्तिबोध, मुक्तिबोध रचनावली, खंड-4, पृ. 230
2. आचार्य नन्ददुलारे वाजपेयी, जयशंकर प्रसाद, पृ. 69
3. वही, पृ. 79
4. मुक्तिबोध, मुक्तिबोध रचनावली, खंड-4, पृ. 269-70
5. रामविलास शर्मा, परम्परा का मूल्यांकन, पृ. 137
6. मुक्तिबोध, मुक्तिबोध रचनावली, खंड-4, पृ. 358
7. वही, पृ. 355
8. वही, पृ. 301
9. रामविलास शर्मा, निराला की साहित्य साधना, खंड-2, पृ. 553
10. देखें, रामविलास शर्मा, नई कविता और अस्तित्ववाद, (सं. 1978), पृ. 165
11. वही,
12. वही, पृ. 166
13. वही, पृ. 167
14. वही,
15. मुक्तिबोध, मुक्तिबोध रचनावली, खंड-5, पृ. 468
16. वही, पृ. 469-70
17. वही
18. विजयदेव नारायण साही, लघुमानव के बहाने हिन्दी कविता पर एक बहस, नई कविता : संयुक्तांक 5-6, सन् 1960-61, पृ. 120
19. अज्ञेय, भवन्ती, (द्वितीय संस्करण), पृ. 82
20. अज्ञेय, रामविलास शर्मा की पुस्तक 'नई कविता और अस्तित्ववाद' से उद्धृत, पृ. 32
21. नलिन विलोचन शर्मा, प्रबन्ध काव्य पर एक वार्त्तिकी (1956), देखें, केसरी कुमार, साहित्य के नये धरातल (सं. 1980), पृ. 119
22. विजयदेव नारायण साही, लघुमानव के बहाने हिन्दी कविता पर एक बहस, 'नई कविता' संयुक्तांक 5-6, पृ. 116

22-ए. विजयदेव नारायण साही 'तीसरा दशक' पद का प्रयोग 'चौथा दशक' के अर्थ में करते हैं।

23. वही, पृ. 117
24. वही,

24-ए. Was it for this that our people had been behaved so gallantly for a year? Were all our brave words and deeds to end in this? The independence resolution of the Congress, the pledge of Jan'26, so often repeated? So

I lay and pondered on that March night, and in my heart was a great empliness as of something precious gone, almost beyond recall.

This is the way the world ends
Not with a bang, but a whimper.

—Jawaharlal Nehru, *Autobiography*

25. वही, पृ. 84
26. वही, पृ. 85
27. वही, पृ. 86
28. वही, पृ. 76
29. नामवर सिंह, कविता के नये प्रतिमान, पृ. 186
30. रामविलास शर्मा, लोक जागरण और हिन्दी साहित्य, (सं. 1985), पृ. 65
31. रामस्वरूप चतुर्वेदी, कामायनी का पुनर्मूल्यांकन, (सं. 1970), पृ. 10
32. वही, पृ. 10
33. वही, पृ. 18
34. वही, पृ. 17
35. मुक्तिबोध, मुक्तिबोध रचनावली, खंड-4, पृ. 219
36. रामस्वरूप चतुर्वेदी, कामायनी का पुनर्मूल्यांकन, पृ. 23
37. वही, पृ. 19
38. वही, पृ. 46
39. नामवर सिंह, कविता के नये प्रतिमान, पृ. 79-80
40. वही, पृ. 81